„Wer nicht genießt, ist ungenießbar."

Konstantin Wecker, Songtitel

Die 5-Elemente-Küche

für Naschkatzen

Dr. Claudia Nichterl

avBUCH

Inhalt

Über dieses Buch

Das Naschen hat nicht gerade den Ruf, besonders gesund zu sein. Und doch tun wir es so gerne, was wäre das Leben schon ohne süße Genüsse! Auch unsere traditionelle Küche kommt ohne Süßes nicht aus. Denken Sie nur an Kaiserschmarren, Apfelstrudel, Salzburger Nockerln oder Marillenknödel. Läuft Ihnen schon das Wasser im Munde zusammen?
Die Vorliebe für den süßen Geschmack ist uns Menschen quasi angeboren, als Säugling besteht unsere erste Nahrung aus süß schmeckender Muttermilch. Viele Getreide- und Gemüsearten schmecken ebenfalls leicht süßlich. In der Traditionellen Chinesischen Medizin (TCM) wird der süße Geschmack dem Element Erde zugeordnet und hat eine elementare Funktion in unserer Ernährung.
Andererseits kennen wir alle auch die Empfehlung, nicht zu viel Süßes zu essen. „Süßspeisen machen dick, schädigen die Zähne und sind generell ungesund", bekommen wir eingetrichtert. Viele meiner Klienten erzählen mir, dass sie sich immer wieder vorgenommen hätten, nicht mehr so viel Süßes zu essen. Langfristig gelingt das aber selten. Zu stark ist die Versuchung, ein Stück Schokolade zwischendurch oder eine Süßspeise als Nachtisch zu genießen. Die Ursachen für diesen großen Drang sind vielfältig. Als Kinder wurden wir häufig mit Süßigkeiten belohnt oder getröstet. Traditionelle Fest- und Feiertage mit Weihnachtsbäckerei, Geburtstagskuchen oder Hochzeitstorte stellen jedes Diätvorhaben auf eine harte Probe. Stress und Kummer lassen uns häufig unkontrolliert zu Süßem greifen. Häufig ist auch eine unausgewogene Auswahl bei den Mahlzeiten oder das Auslassen des Frühstücks schuld daran, dass wir ungezügelt nach Süßigkeiten greifen. Außerdem: Verbote haben beim Essen noch nie Erfolg gebracht.
Die moderne Ernährungsberatung verteufelt Süßigkeiten deshalb nicht, sondern empfiehlt einen maßvollen Umgang. Dieses Buch liefert Ihnen Anregungen und Ideen für Süßspeisen, die durchaus wertvolle Komponenten enthalten, die zu einer ausgewogenen Ernährung beitragen. Abgesehen von „zu süß" und „zu fett" gibt es eine Fülle an Rezepten mit Obst, Nüssen, köstlichen Gewürzen und hochwertiger Schokolade, die Ihren Ernährungsalltag bereichern und versüßen können. Kleine Mengen selbst gemachter Süßspeisen befriedigen nicht nur unsere Süßgelüste, sondern sind zusätzlich Nahrung für unsere Seele.

Genussvolles Naschen –
ganz ohne schlechtes Gewissen –
wünscht

Claudia Nichterl

Claudia Nichterl

P.S.: Über Feedback würde ich mich freuen. Besuchen Sie dazu meine Website www.essenz.at oder schreiben Sie an beratung@essenz.at. Vielen Dank!

Wohlfühlen mit der 5-Elemente-Küche

Seit über 3.000 Jahren bedient sich die Traditionelle Chinesische Medizin (TCM) eines ganzheitlichen Ernährungssystems, um die Gesundheit der Menschen zu erhalten.

Ernährung und Lebensstil sind zu einem großen Teil für unsere Gesundheit, körperliche und geistige Vitalität, aber auch für die Fähigkeit zur Entspannung und Regeneration mitverantwortlich. Die Grundprinzipien dieser Ernährungslehre werden unter dem Begriff „5-Elemente-Küche" zusammengefasst und finden in den letzten Jahren immer mehr Anhänger. Warum ist das so?

Wenn wir die Sache genauer betrachten, entdecken wir, dass die wichtigsten Prinzipien: die saisonale und regionale Auswahl der Zutaten, die Bekömmlichkeit der Speisen auch in unserer traditionellen Küche und Esskultur eine große Rolle spielten. Die 5-Elemente-Küche beschreibt des Weiteren sehr genau, welche Lebensmittel für den Körper wertvoll sind und wie diese optimal in Lebenskraft („Qi") umgewandelt werden können.

Thermische Wirkung unserer Nahrung

Die 5-Elemente-Küche ist ausgewogen und bekömmlich. Den einzelnen Lebensmitteln wird zudem eine thermische Wirkung zugeschrieben, sie können uns erwärmen oder abkühlen.

Folgende fünf Temperaturwirkungen werden unterschieden:

- kalt oder kühlend
- erfrischend
- neutral
- erwärmend
- heiß oder erhitzend

Unser Körper weiß, was uns wann gut tut. Wir brauchen eigentlich nur auf ihn zu hören. Im Winter bevorzugen wir mehr gekochte Speisen, etwa Gemüsesuppen oder Eintöpfe. Im Sommer lieben wir erfrischende, kühlende Zutaten wie Tomaten und Gurken. Durch die thermische Zuordnung lassen sich zuverlässige Aussagen über die gesundheitliche Wirkung von Speisen treffen. Es geht dabei weder um Kalorien noch um Vitamine oder andere Nährstoffe, sondern vorrangig um die Bekömmlichkeit und die optimale Unterstützung bestimmter Organe.

Erfrischende oder kühlende Lebensmittel unterstützen vorwiegend den Aufbau von Blut und Körpersäften, d. h. sie unterstützen den „Yin-Aspekt" unseres Körpers. Wer ausreichend „Yin" hat, ist gelassen, kann gut zur Ruhe kommen, sich gut entspannen und bleibt auf dem Boden. Lebensmittel, die den „Yin-Aufbau" fördern, sind saftig, schmecken mild und wachsen in der Regel in den wärmeren Jahreszeiten, um uns zu erfrischen und vor Austrocknung zu schützen. Beispiele dafür sind Gurken, Tomaten, Zucchini, Melonen, Beeren, Spinat und Blattsalate.

Auch Saucen, Kompotte, Suppen und Eintöpfe haben durch ihren „saftigen" Charakter einen starken „Yin-Anteil". Im Tagesverlauf sind solche Speisen ab dem Nachmittag besonders empfehlenswert, weil sie uns entspannen helfen und den Schlaf fördern. Das Gegenteil davon bzw. die andere Seite ist der „Yang-Aspekt" unseres Körpers. „Yang" steht für Energie, Dynamik, Bewegung, klares Denken und auch für die Libido. Damit Blut und Körpersäfte im Fluss bleiben und ein Stau vermieden wird, brauchen wir den „Yang-Aspekt" auch in unserer Ernährung. Wir erhalten ihn vor allem durch wärmende Lebensmittel. Sie helfen uns, morgens wach zu werden, unterstützen unsere Verdauung und wärmen in kalten Wintermonaten. Menschen, die häufig frieren, brauchen meist etwas mehr davon, um wieder in Schwung zu kommen. Zu den „Yang-Lebensmitteln" gehören vor allem Gewürze (z. B. Rosmarin, Thymian, Ingwer, Basilikum), Lamm- und Wildfleisch, Lauch, Zwiebelgewächse und Alkohol.

Eine ausgewogene Ernährung berücksichtigt immer beide Aspekte, d. h. die Rezepturen sollten eine gelungene Mischung aus „Yin- und Yang-Lebensmitteln" sein, und sowohl die Tages- als auch die Jahreszeit mit einbeziehen. Neben der Auswahl der Zutaten spielen Zubereitungsart und die Kombination der Lebensmittel eine Rolle. Kühlende Tomaten können beispielsweise durch Kochen und Würzen mit Basilikum „yangisiert" werden, d. h. sowohl die Wärme durch das Kochen als auch die Zugabe von Basilikum gleicht die stark kühlende Wirkung aus. Ebenso können eher warme Gerichte, wie ein Lammeintopf, durch die Zugabe von Joghurt, Spinat oder Tomaten „yinisiert" werden. Die stark wärmende Wirkung des Lammeintopfes wird durch die erfrischenden Zutaten „abgekühlt".

Die fünf Geschmacksrichtungen

Neben der thermischen Wirkung sind in der 5-Elemente-Küche auch die Geschmacksrichtungen wichtig. Die fünf Elemente (Holz, Feuer, Erde, Metall und Wasser) stehen jeweils für einen Geschmack und damit auch für eine Bewegungsrichtung der Energie in unserem Körper. Zusätzlich versorgt jeder Geschmack auch ihm zugeordnete Organe.

- Der **saure Geschmack** (Leber/Gallenblase) wirkt zusammenziehend und bewahrend. Therapeutisch wird etwa ein Spritzer Zitronensaft in die Speise gegeben, um übermäßiges Schwitzen an heißen Tagen zu vermeiden. Sauer unterstützt auch bei der Verdauung. Die Zitrone auf dem Schnitzel hat somit nicht nur eine dekorative Funktion, sondern steigert die Bekömmlichkeit.

- Der **bittere Geschmack** (Herz/Dünndarm) ist von der Wirkrichtung betrachtet nach unten gerichtet und unterstützt die Ausscheidung. Bitterer Geschmack tonisiert die Gallensäfte, wodurch die Fettverdauung unterstützt und Völlegefühl vermieden wird. Beispiele dafür sind ein starker Espresso, grüner Tee oder Bitterliköre nach dem Essen. Die Verwendung von bitteren Zutaten wie z. B. Rucola, Chicorée oder bestimmten Gewürzen unterstützt in sanfter Form die Ausleitung. Im Übermaß wirkt der bittere Geschmack aber austrocknend. Zu viel Rotwein, Kaffee oder schwarzer Tee können daher zu Magenschmerzen oder Schlafstörungen führen.

- Der **süße Geschmack** (Milz/Magen/Bauchspeicheldrüse) nährt unsere „Mitte". Lebensmittel, die süß

Fenchel schmeckt leicht süß.

schmecken, wirken beruhigend, entspannend und ausgleichend. Beispiele dafür sind Karotten, Fenchel, Kartoffeln, aber auch Getreide wie Hirse oder Gewürze wie Zimt und Vanille.

- Der **scharfe Geschmack** (Lunge/Dickdarm) hat eine stark bewegende Wirkung. Er löst Stau/Stagnation und bringt die Energie nach oben und außen. Besonders wichtig ist Schärfe in den Wintermonaten. Durch das Kochen mit Ingwer, scharfem Paprikapulver, Pfeffer, Zwiebeln, Kren und Lauch wird die Lunge in ihrer wichtigen Funktion als Abwehrorgan unterstützt. Bei beginnender Erkältung ist ein heißer Ingwer-Tee sehr hilfreich. Im Sommer helfen scharfe Zutaten beim Ausleiten von Hitze. Wer durch scharfe Nahrung sehr schwitzt, sorgt indirekt für eine Kühlung des Körpers – ein Prinzip, das in feucht-heißen Ländern genutzt wird.

- Der **salzige Geschmack** (Niere/Blase) wirkt auflösend und hilft, unsere Substanz zu bewahren. Gemeint sind damit vorrangig unsere Knochen, die durch mineralstoffreiche Lebensmittel buchstäblich gestützt werden. Die wichtigsten Lebensmittel aus dieser Gruppe sind Salz, Hülsenfrüchte, Fische und Algen. Algen werden auch therapeutisch bei Hitzewallungen oder Schlafstörungen eingesetzt.

Eine ausgewogene Auswahl von Nahrungsmitteln aus den fünf Geschmacksrichtungen – süß, sauer, bitter, salzig und scharf – bewirkt eine optimale Ernährung und Versorgung unseres Körpers. Jede Speise sollte deshalb von jedem Element mindestens eine Zutat enthalten, das garantiert, dass jedes Organ angesprochen und gut versorgt wird. Daher kommt übrigens der Name „5-Elemente-Küche".

Der Geschmack „süß"

Im Chinesischen steht das Wort *„gan"* für süß und bedeutet genau übersetzt *„der Mund mit etwas drin, das Zufriedenheit vermittelt"*. Das zeigt sehr schön, worum es bei diesem Geschmack geht. Süß steht für mild, nährend, ausgleichend, beruhigend. Dem Süßen ist eine eher weiche, sämige, breiige oder mehlige Konsistenz zugeordnet. Die Farbe der Speisen ist meist gelb, orange oder braun. In den chinesischen Schriften heißt es außerdem: Der süße Geschmack reist zur Milz. Das bedeutet, süß schmeckende Lebensmittel stärken unsere „Mitte", genau genommen sind das die Organe Magen, Milz und Bauchspeicheldrüse. Süß baut Lebensenergie („Qi") und Blut auf, harmonisiert und entspannt. Mit süßen Lebensmitteln sind aber nicht Süßspeisen gemeint, sondern Lebensmittel, die süß schmecken und nahrhaft sind, wie z. B. Wurzelgemüse, Getreide oder Rindfleisch. Diese haben von Natur aus einen hohen Süß-Anteil, der durch Kochen noch verstärkt wird. Achten Sie einmal darauf, wie zufrieden und genährt Sie sich nach einem guten Essen mit einer Rinder-Kraftbrühe oder Zutaten wie Karotten, Kartoffeln, Fenchel, Hirse oder Polenta fühlen. Es macht so satt, dass meist auch die Lust auf Süßigkeiten schwindet. Die starke Süßlust bei vielen Menschen hat auf körperlicher Ebene meist zwei Ursachen. Einerseits, weil zu wenig gekochte und bekömmliche Nahrung gegessen wird. Dadurch fehlt der „Mitte" das Nährende. Mit dem Bedürfnis nach Süßem versucht der Körper dann, Befriedigung zu erlangen. Mit ein bis zwei gekochten Mahlzeiten pro Tag oder zumindest einem guten Frühstück kann Abhilfe geschaffen werden. Ein zweiter Grund für starke Süßlust kann ein chronischer Eiweißmangel sein. Wenn auf mehr Ausgewogenheit bei den Mahlzeiten geachtet wird und kleine Mengen Fleisch, Fisch, Hülsenfrüchte, Eier etc. den Speiseplan bereichern, wird auch die Lust auf Süßes geringer.

Es gibt noch einen weiteren Grund, warum wir gerne nach Süßem greifen. Süßes wird in unserer Kultur häufig als Trost, Belohnung oder zur Stressbewältigung eingesetzt. Die Lust auf Süßes ist oft anerzogen und emotional tief verankert. Aber ein Zuviel an süßer Nahrung wirkt stark „befeuchtend". Gemeint ist damit, dass die Mitte überfordert ist und die Nahrung nicht mehr optimal umgewandelt wird. In den Bildern der chinesischen Medizin spricht man dann von einer Schwächung der Milzfunktion, die zu Wassereinlagerungen im Gewebe, zu Völlegefühl in der Brust und zur Bildung von Schleim und Feuchtigkeit führt. Neben Unwohlsein und Verdauungsbeschwerden ist Übergewicht Folge einer geschwächten Milzfunktion.

Kinder brauchen süß!

Kleinkinder haben einen starken Bewegungsdrang, sie wachsen enorm schnell und müssen daher viel Substanz aufbauen. Dazu brauchen sie viel Nährendes, dafür aber weniger aus den anderen vier Geschmacksrichtungen. Zu viel Aroma und starkes Würzen überreizt den kindlichen Organismus.

5-Elemente-Küche in der Praxis

Im Gegensatz zur westlichen Ernährungswissenschaft setzt die 5-Elemente-Küche vorwiegend auf gekochte oder gedünstete Nahrung. Durch die Nahrungszubereitung wird dem Körper „Verdauungsarbeit“ abgenommen.

Hier eine kurze Übersicht der wichtigsten Empfehlungen:

Auf Qualität und Frische achten

Hochwertige, frische – im Idealfall biologische – Lebensmittel wählen. Vermeiden Sie Fertiggerichte und Produkte mit künstlichen Aromen, Farbstoffen, Zusatzstoffen, Konservierungsmitteln, Süßstoffen etc.

Saisonal und regional

Kochen mit den Jahreszeiten unterstützt unseren Körper und seine Bedürfnisse optimal. Im Frühling steigt die Lust auf Radieschen, Spinat oder Spargel. Im Sommer bringen Melonen, Joghurt und Tomaten Erfrischung und in den kalten Monaten tun warme Suppen und Eintöpfe gut. Unser Körper signalisiert uns, was ihm gut tut – wir müssen nur auf ihn hören!

Kochen hilft der Verdauung

Kochen nimmt dem Verdauungsapparat Arbeit ab. Damit sind alle Zubereitungsmethoden wie Kochen, Dünsten, Braten, Backen, Marinieren, Beizen, Einweichen, Zerkleinern etc. gemeint. Auch eine geschickte Kombination von Zutaten und Gewürzen hilft unserem Körper bei der Verdauung. Ideal sind ein bis zwei gekochte Mahlzeiten am Tag.

Morgens wie ein Kaiser essen …

Das Frühstück ist die wichtigste Mahlzeit des Tages und versorgt uns mit der nötigen Energie für die erste Tageshälfte. Es gibt keine Tabus und Verbote für diese Tageszeit. Essen Sie, worauf Sie Lust haben: gekochte Getreidemahlzeiten mit Obst oder Gemüse, Suppen, Hülsenfrüchte, Eierspeisen …

Mut beim Würzen

Gewürze bringen nicht nur Aroma, sie helfen auch der Verdauung und werten Speisen optisch auf. Koriandergrün, Vanille, Kardamom, Majoran, Basilikum, Fenchel, Dille, frische Minze etc. – das Angebot ist beinahe unbegrenzt.

Auf Bekömmlichkeit achten

Gemüse, Getreide und Obst sind die Basis für eine gesunde, ausgewogene Ernährung. Zusätzlich wird sehr auf Bekömmlichkeit bzw. Verträglichkeit geachtet. Es ist nicht jedermanns Sache, rohe Getreideflocken, z. B. Müsli, in Kombination mit „thermisch kalten“ Milchprodukten zu verdauen. Auch zu viel rohes Obst oder Gemüse kann Verdauungsstörungen und Unwohlsein bewirken. Gekochte Mahlzeiten sind die bekömmlichere Alternative.

Zusammengefasst bedeutet Kochen nach den fünf Elementen, wieder Verantwortung für sich und seinen Körper zu übernehmen, sich im Alltag Zeit für den Einkauf und die Zubereitung und vor allem für die Mahlzeit selbst in entspannter Atmosphäre zu nehmen. So nutzen Sie Ihre Nahrung als tägliche Energiequelle!

Kleines Korn – große Wirkung

Süßspeisen aus Getreide sind Teil unserer traditionellen Küche. Denken Sie nur an die vielen Sorten von Gebäck, Kuchen, Torten, Aufläufen, Palatschinken oder Pfannkuchen, Strudeln oder Keksen. Eine der Hauptzutaten ist Getreide in Form von Mehl, Grieß oder auch als ganzes Korn. Die Qualität von Süßspeisen im Handel lässt leider immer mehr zu wünschen übrig. Ein hoher Prozentsatz der Süßspeisen wird fast ausschließlich auf Basis von nährstoffarmem Weißmehl, in der Regel aus Weizen, hergestellt. Diese „leeren Kalorien", ohne wertvolle Vitamine und Mineralstoffe, in Kombination mit Zucker und Fett, sind kalorienreich, aber arm an Nährstoffen. Sie leisten keinen Beitrag zu gesunder Ernährung. Im Gegensatz dazu setzt die 5-Elemente-Küche vom gekochten Getreidefrühstück bis zu den Süßspeisen auf eine große Vielfalt bei den Getreidezutaten. Die einzelnen Getreidearten und die verschiedenen Sorten unterstützen unseren Körper unterschiedlich, weshalb eine abwechslungsreiche Auswahl wichtig ist. Getreide liefern uns Kohlenhydrate, Eiweiß und sie versorgen uns mit Vitaminen (vor allem B-Vitaminen, Vitamin E, ß-Carotin) und Mineralstoffen (Eisen, Zink, Kalzium etc.) – und das bei einem niedrigen Fettgehalt (2 bis 7 %).

Ein Großteil der Mineralstoffe und Vitamine befindet sich in den äußeren Schichten des Getreidekorns, sodass ihr Anteil in Vollkornprodukten deutlich höher ist als in Weißmehlspeisen. Je nach Getreideart ist die Mineralstoffverteilung unterschiedlich. Hirse und Hafer enthalten beispielsweise die höchsten Mengen an Eisen, Reis dagegen viel Kalium.

Den höchsten Nährwert haben also Vollkorngetreide. Allerdings sind Vollkornprodukte auch schwerer verdaulich und bedürfen entsprechender Vor- bzw. Zubereitung. In der Praxis zeigt sich, dass die Kombination aus vollem Korn oder Vollkornmehl in Kombination mit Zucker, Honig oder Fett oft zu Verdauungsbeschwerden führt. Der Grund dafür liegt in der „schwachen Mitte", die mit dem hohen Ballaststoffanteil in Kombination mit Zucker und Fett überfordert ist. Erfahrungsgemäß sind deshalb Süßspeisen mit einem geringeren Vollkornanteil oder auf Basis von Weißmehl bekömmlicher. Da in der TCM gilt, „was nicht gut verdaut werden kann, belastet den Körper", ist der mäßige Genuss von Feingebäck auf Weißmehlbasis für manche Menschen bekömmlicher als der tägliche Genuss von Vollkornkuchen, der zu Verdauungsbeschwerden führt. Die Entscheidung sollte hier „der eigene Bauch" treffen.

Getreidesorten und ihre Zuordnung zu den 5 Elementen

Element	Getreidearten
Holz	Weizen, Dinkel, Grünkern
Feuer	Buchweizen, Quinoa, Amaranth, Roggen
Erde	Hirse, Süßreis, Gerste, Mais/Polenta
Metall	Reis, Hafer
Wasser	keine Getreide, dafür alle Hülsenfrüchte (Linsen, Bohnen, Soja …)

Amaranth

Gluten (Klebereiweiß) und Backfähigkeit

Auszugsmehle aus Weizen werden vor allem aus technologischen Gründen so häufig verwendet. Durch den hohen Anteil an Klebereiweiß (Gluten) ist Weizenmehl besonders gut zum Backen geeignet. Je besser die „Klebereigenschaft" einer Mehlsorte, desto höher ist die Bindefähigkeit, Elastizität und Gärfreudigkeit des Teigs. Dinkel weist aufgrund seiner Ähnlichkeit mit Weizen ebenso gute Backeigenschaften aus. Da Dinkel aufgrund seiner energetischen Wirkung aus Sicht der TCM weniger verschleimend/befeuchtend wirkt und insgesamt eine höhere Nährstoffdichte (z. B. viel Kieselsäure) enthält, ist Dinkelmehl zu bevorzugen. Auch Roggen hat einen hohen Kleberanteil und ist gut für die Brotherstellung geeignet, zum Backen von Süßspeisen eher weniger, da die Klebereiweiß-Moleküle im Roggenteig durch die Anwesenheit von Schleimstoffen kein Klebergerüst zur Gashaltung aufbauen können. Roggengebäck hat daher im Gegensatz zu Weizengebäck einen dunklen, festen und aromatischen Teig, dem das „luftige" des Weizenteiges fehlt. Das ist auch der Grund, warum aus Roggenmehl oft Mischbrote hergestellt werden. Um verkaufsfähige Produkte herzustellen, ist ein Sauerteig als Triebmittel erforderlich, was einen erhöhten Zeitaufwand bedeutet.

Die Getreide Buchweizen, Mais/Polenta, Amaranth, Quinoa oder Reis sind glutenfrei, das heißt ohne Kleber-Anteil und daher nur begrenzt zum Backen geeignet. Aber in Kombination oder als Zumischung in Brot oder Gebäck versorgen sie uns mit wichtigen Nährstoffen. Diese Getreide sind in der Vollkornvariante ideal. Sie sind schnell gekocht (20 bis 25 Minuten), sehr bekömmlich und pur oder als Auflauf mit Obst ein wertvoller Beitrag zur gesunden Küche.

Zucker – die süße Verführung

Unser Leben ist ohne Zucker nicht denkbar. Auch wenn er an und für sich „wertlos" ist, wird ihm ein besonderer Wert beigemessen und er gilt als Statussymbol. Vielleicht haben Sie sich beim Bummel über den Trödelmarkt schon einmal über antike Dosen gewundert, die mit einem kleinen Schloss gesichert werden. Darin wurde früher Zucker aufbewahrt. Zucker, speziell weißer Zucker, war etwas Wertvolles und die Hausherrin hatte den Schlüssel an einem geheimen Ort verwahrt, damit niemand von der süßen Kostbarkeit naschen konnte. Obwohl Zucker heute überall verfügbar ist, haftet ihm noch immer etwas von diesem Image an. Wir feiern Festtage mit süßen Speisen, wir belohnen Kinder mit Schokolade – süß ist etwas Besonderes und wird es wohl auch bleiben. Wichtig ist deshalb ein moderater Umgang mit Zucker und Süßungsmitteln. Besonders problematisch sind „versteckte Zucker" in Limonaden, Fruchtnektaren, süßen Joghurts, aber auch in Fertigmüslimischungen, Ketchup oder Kinder-Instant-Tees. So wird unser Körper von Kindesbeinen an mit viel zu viel Zucker überlastet. Oft leiden bereits junge Erwachsene an einer Insulin-Resistenz und/oder dem metabolischen Syndrom. Die Folge ist, dass unser Körper in einen Teufelskreis gerät: Süße Naschereien geben uns zwar kurzfristig Energie, sind aber ohne zusätzlichen Wert und lösen den nächsten Heißhunger auf Süßes aus. Hier kann zumindest durch die „Verpackung" etwas Ausgleich geschaffen werden. Im Gegensatz zu handelsüblichen Süßigkeiten mit Zucker, künstlichen Aromen, Farb- und Konservierungsstoffen, können selbst gemachte Naschereien mit Obst oder hochwertigem Getreide kombiniert werden.

Hände weg von künstlichen Süßstoffen

Was für Zucker gilt, gilt für künstliche Süßstoffe noch viel mehr: Je weniger, desto besser – auch wenn die Meinungen dazu auseinandergehen und die Industrie versichert, dass in den üblichen Dosierungen keine Nebenwirkungen zu erwarten sind. Der Nutzen der Süßstoffe ist zweifelhaft und trotz weiter Verbreitung steigt das Übergewicht in der Bevölkerung. Gönnen Sie Ihrem Körper nur das Beste und verzichten Sie auf künstliche Süßstoffe.

Zuckerarten und alternative Süßungsmittel

Es gibt Alternativen zu weißem, raffiniertem Fabrikzucker, aber auch diese sollten mit Zurückhaltung verwendet werden. Kein Süßungsmittel ist – in großer Menge genossen – „gesund"!

- **Vollrohr-Zucker** und **Roh-Rohrzucker** werden aus Zuckerrohrsirup bei geringer Hitze eingedickt. Bei letzterem wird der Saft vorher geklärt und gefiltert. Durch die schonende Verarbeitung bleiben die enthaltenen Mineralstoffe und Spurenelemente weitgehend erhalten. Roh-Rohrzucker verklumpt nicht so leicht, ist besser löslich und deshalb praktischer in der Verwendung.

Roh-Rohrzucker mit echter Vanille

- **Zuckerrohr-Melasse** ist sehr dunkel, zähflüssig und hat einen starken Eigengeschmack (ähnlich wie Lakritze). Wirklich süß ist sie nicht, aufgrund ihres Mineralstoffgehalts (vor allem Chrom) aber durchaus interessant zum Ausprobieren.

- **Brauner Zucker** ist häufig mit Melasse eingefärbter weißer Zucker oder wird durch Karamellisierung aus weißem Zucker gewonnen.

- **Biozucker** wird aus biologisch kultivierten Zuckerrüben oder Zuckerrohr gewonnen und ist häufig wie Fabrikzucker raffiniert.

- **Dicksäfte aus Äpfeln oder Birnen** sind wie Honig gut zum geschmacklichen Verfeinern geeignet. Sie lösen sich schwer in kalter Flüssigkeit. Achtung: Die vorhandene Fruchtsäure bringt Milch zum Gerinnen.

- **Gerstenmalz** oder **Reismalz** wird aus gekeimtem Getreide hergestellt. Malz hat einen intensiven Eigengeschmack und eine milde Süßkraft. In der Küche ist Malz eher schwierig zu dosieren und etwas gewöhnungsbedürftig.

- **Honig** hat eine hohe Süßkraft und enthält wertvolle Enzyme, die allerdings durch Hitze zerstört werden. Deshalb wird Honig vor allem zum Verfeinern oder Nachsüßen verwendet.

- **Ahornsirup** ist aufgrund des enormen Energieaufwandes bei der Herstellung ökologisch in Diskussion geraten. Er ist eine mineralstoffreiche Alternative zu Zucker, aber nach dem Öffnen nur wenige Wochen im Kühlschrank haltbar.

Wie viel süß darf sein?

Die Ernährungswissenschaft empfiehlt einen moderaten Verzehr von Zucker. Die Zufuhr sollte 10 Prozent der Tagesenergiemenge nicht überschreiten. Bei einer empfohlenen Tagesenergiemenge von etwa 2.000 Kilokalorien wären das pro Tag etwa 200 Kilokalorien aus Zucker. Enthalten ist diese Menge z. B. in

- 6 Esslöffeln Blütenhonig
- 5 Esslöffeln Zucker
- 40 Gramm Marzipan
- 3 Esslöffeln Nuss-Nougat-Creme
- 37 Gramm Milchschokolade (etwa ein Drittel einer Tafel)
- 45 Gramm Bitterschokolade (etwa die Hälfte einer Tafel)

- **Stevia** hält vermehrt Einzug in unsere Küchen. Diese Pflanze ist ein natürlicher Süßstoff mit hoher Süßkraft (300-mal süßer als Zucker!) – und das ohne Kalorien. Aufgrund der hohen Süßkraft braucht man etwas Erfahrung bei der Verarbeitung.

Viele Rezepturen können hinsichtlich des Zuckeranteils optimiert werden. Nach dem Motto „würzen statt zuckern" können Sie Ihre eigene Süß-Schwelle heruntersetzen. Nutzen Sie die natürliche Süße von Früchten oder Getreide zum Süßen. Natürliche Aromen von Zitrusfrüchten und Gewürzen wie z. B. Zimt, Kardamom, Nelken oder Ingwer helfen zusätzlich, mit weniger Süße auszukommen. Ganz ohne Zucker geht es allerdings beim Backen nicht, denn Zucker hat auch eine wichtige physikalische Funktion, damit der Teig beim Backen saftig bleibt.

Zucker: eine Geschmackssache

Es ist unrealistisch, das Verlangen nach Süßem rigoros zu unterdrücken. Achten Sie auf eine ausgewogene Mischung in Ihrer Ernährung und genießen Sie hin und wieder Süßspeisen. Welche Zucker oder Süßmittel Sie verwenden, ist Geschmackssache. Für die Zähne und den Stoffwechsel sind alle Sorten im Übermaß ungünstig. In Maßen genossen bzw. in Kombination mit Obst oder Getreide wird Ihr Körper auch kleine Mengen von Industriezucker verkraften. Ein wichtiges Entscheidungskriterium ist für manche auch die Herkunft. In unseren Breiten werden Zuckerrüben angebaut. Herkömmlicher Zucker ist also ein regionales Produkt. Roh-Rohrzucker oder Vollrohr-Zucker haben dagegen lange Transportwege hinter sich.

Kakao-Bohnen

Schokolade – je dunkler, je lieber

Schokolade verspricht in jeder Variation Genuss und Freude. Egal ob braun, dunkel, fast schwarz oder weiß, viele behaupten, sie sei das einzig wahre Elixier gegen Liebeskummer, Stress und die Ärgernisse des Alltags. Und wie schon der wissenschaftliche Name Theobroma cacao andeutet, ist ihr Genuss „göttlich", denn Theobroma bedeutet nichts anderes als „Speise der Götter". Kein Wunder, denn die verschiedenen Inhaltsstoffe der Schokolade lösen ein wahres Feuerwerk im Gehirn aus. Wissenschaftlich ist dafür das in der Schokolade enthaltene Tryptophan verantwortlich. Es wird im Gehirn zu Serotonin und Endorphinen umgewandelt. Das sind Botenstoffe, die auch als „Glückshormone" bezeichnet werden. Diese Hormone steuern den Schlafrhythmus, unsere Stimmungen, den Sexualtrieb und die Temperatur unseres Körpers. Vor allem Frauen erliegen der süßen Verführung durch Schokolade. Bei manchen Frauen hängt diese Lust auf Schokolade auch eng mit ihrem Monatszyklus zusammen. Gerade in der 2. Zyklushälfte sinkt die körpereigene Produktion von Glückshormonen. Ein Stück Schokolade hebt dann häufig die Stimmung. Schokolade in Maßen ist durchaus gesund. Fast täglich gibt es neue Erkenntnisse über die gesundheitlichen Vorzüge im Hinblick auf das Herz-Kreislauf-System, Krebserkrankungen oder den Cholesterinspiegel. Auch wenn noch nicht alles wissenschaftlich erwiesen ist, zeigt sich doch, dass die positiven Eigenschaften eng mit der Höhe des Kakaobutteranteils zusammenhängen, d. h. je höher der Anteil, desto stärker die positive Wirkung. Daher leitet sich auch die Empfehlung für dunkle Schokolade ab. Je höher der Kakaoanteil, desto bitterer schmecken die Schokoladensorten. Wie beim Wein gibt es für Schokolade inzwischen Kenner und Gourmets.

Hier die wichtigsten Fakten zur Orientierung:

- **Vollmilchschokolade** enthält mindestens 25 Prozent Kakaomasse, Milchpulver, Kakaobutter, Zucker und Aromastoffe.

- **Weiße Schokolade** wird aus Kakaobutter, Kondensmilch oder Milchpulver, Zucker und Vanille-Extrakt hergestellt.

- **Dunkle Schokolade** enthält zwischen 35 und 70 Prozent Kakaomasse, Zucker und Emulgatoren (meist Sojalecithin). Halbbitter- oder Zartbitterschokoladen bestehen aus mindestens 50 Prozent Kakao (Kakaomasse und Kakaobutter), ab 60 Prozent Kakaoanteil spricht man von Bitterschokolade.

- **Koch-Schokolade** hat einen Kakaoanteil von 39 bis 42 Prozent.

Schokolade – ein Genuss

Fair genießen – Qualität statt Masse

Aufgrund von Missernten und Spekulationen an den Börsen ist der Kakaomarkt sehr instabil. Der Weltmarktpreis deckt häufig nicht einmal die Kosten, die Bauern in Costa Rica, Ghana oder Ecuador für den Anbau und die Pflege der Kakaobäume aufwenden müssen. „Fairer Handel" garantiert Mindestpreise, die die Produktions- und alltäglichen Lebenshaltungskosten von Kleinbauern abdecken. Dabei wird bewusst auf Zwischenhändler verzichtet. Für Kakao kann so rund das Doppelte des Weltmarktpreises bezahlt werden. Viele Bauern haben inzwischen auch auf Bio-Anbau umgestellt. Achten Sie auf das Transfair- und Bio-Gütesiegel. Infos dazu finden Sie unter www.transfair.org, www.fairtrade.at bzw. www.eza.at.

Gebrauchsanweisung

Kleiner Aufwand – große Wirkung: Das ist die Devise bei den Rezepten in diesem Buch. Wenn man Lust auf Süßes hat, dann muss es meist schnell gehen. Idealerweise sind alle Zutaten im Haus, wie z. B. Getreide, Eier, Schokolade, Gewürze, Nüsse und Obst der Saison. Damit Sie ohne schlechtes Gewissen genießen können, sind die meisten Rezepte mit gesunden Zutaten kombiniert. Im ersten Teil finden Sie Rezepte mit Obst, gefolgt von Rezepten mit Nüssen, Samen und Gewürzen und als Abschluss folgen „göttliche" Rezepte mit Schokolade.

Viele Menschen essen kaum Obst. Der Grund dafür liegt häufig in der Unverträglichkeit von rohem Obst. Süßspeisen, mit gekochtem, gedünstetem oder gebackenem Obst, sind deshalb eine wertvolle Ergänzung im Speiseplan. Die gesunden Fette von Nüssen und Samen kommen häufig auch zu kurz. Leckere Naschereien, Gebäck oder Kuchen mit Mandeln, Walnüssen oder Mohn schaffen auch hier Abhilfe.

Die Rezepte sind, wenn nicht anders angegeben, für zwei Portionen berechnet. Die Zuckermenge ist eher niedrig angesetzt, bei Bedarf bitte mit Honig nachsüßen. Wenn Sie regelmäßig nach den fünf Elementen kochen, werden Sie aber nach und nach spüren, dass Zutaten intensiver schmecken und Ihre Süßschwelle wird sinken. Eine wichtige Zutat in der süßen Küche ist Vanille. Wem die Verwendung frischer Vanilleschoten zu unpraktisch oder zu kostspielig ist, kann auf Vanillepulver (das Mark von ausgekratzten Vanilleschoten) oder auch Vanillezucker (Rohzucker mit Vanillestücken vermahlen), die im Bio-Fachhandel angeboten werden, zurückgreifen. Selbst gemachter Vanillezucker ist auch ganz einfach: Zwei Vanilleschoten der Länge nach aufschneiden und in 1 cm große Stücke schneiden. Zucker mit Vanillestücken im Blitzhacker fein mahlen und in einem verschließbaren Gefäß aufbewahren. Bitte verwenden Sie Zitrusfrüchte nur in Bio-Qualität, da häufig die Schale mitverarbeitet wird. Geriebene Zitrusschalen verfeinern Süßspeisen und machen sie leichter verdaulich. Laut TCM wirken Zitronenschalen mit ihrem Aroma entstauend und bewegen das „Qi".

Die Zutaten der Rezepte sind mit den Symbolen für die fünf Elemente Holz, Feuer, Erde, Metall und Wasser gekennzeichnet.

leicht & aromatisch

Desserts aus dem Obstgarten

Amaranth-Pancakes mit Himbeerjoghurt

2 Eier
100 ml (Soja- oder Reis-) Milch
Mark einer Vanilleschote oder
2 TL Bourbon-Vanillezucker
ca. 3 EL Kokosfett
zum Ausbacken
2 EL Honig

1/2 TL Kardamompulver

100 ml Mineralwasser
1 Prise Salz

100 g Weizenmehl
250 ml (Schafmilch-) Joghurt
125 g Himbeeren

5 EL Amaranth-Pops

Die Eier mit Milch, Vanillemark oder Vanillezucker, Kardamompulver, Mineralwasser und Salz verquirlen.

Das Mehl mit den Amaranth-Pops zugeben und zu einem glatten Teig verrühren.

In einer beschichteten Pfanne etwas Kokosfett erhitzen und aus jeweils 2 EL Teig kleine Palatschinken ausbacken.

Joghurt mit den Himbeeren pürieren und mit Honig abschmecken.

Amaranth

Der Name „Amaranthus“ kommt aus dem Griechischen und bedeutet „unsterblich“ oder „nicht welkend“. Amaranth ist glutenfrei und für Menschen mit Glutenunverträglichkeit (Zöliakie) ein vollwertiger Getreideersatz. Amaranth enthält viel wertvolles Eisen, ungesättigte Fettsäuren und die Mineralstoffe Kalzium und Magnesium in beachtlicher Menge.

Grießauflauf mit Birnen

2 Eier
3 EL Zucker
1 Prise Bourbon-Vanillepulver
Butter zum Einfetten der Form
2 reife Birnen

1 Prise Nelkenpulver

2 EL Wasser

6 EL Weizen- oder Dinkelgrieß

1 Rippe Bitterschokolade, fein gerieben

Backofen auf 180 °C vorheizen.

Die Eier trennen. Eiklar zu steifem Schnee schlagen. Eidotter mit Zucker, Vanillepulver, Nelkenpulver, Wasser und Grieß schaumig rühren. Den Eischnee vorsichtig unterheben und die Mischung 10 bis 15 Minuten quellen lassen.

Eine Auflaufform mit Butter einfetten. Birnen schälen und in dünne Spalten schneiden. Die Auflaufform mit den Birnenspalten auslegen und die Grießmasse gleichmäßig darauf verteilen. Den Auflauf im Backofen 20 bis 25 Minuten backen und am besten warm mit der Bitterschokolade bestreut servieren.

Birnen

In der Volksheilkunde werden Birnen vorwiegend in gekochtem und gedünstetem Zustand empfohlen. Das deckt sich mit den Empfehlungen der TCM, hier werden Birnen als kühlend klassifiziert. In gekochter oder gedünsteter Form wirken Birnen tonisierend auf Blut und „Qi", beruhigen das „Yang" und befeuchten bei Trockenheit. Der Genuss von Aufläufen mit Birnen oder ein Birnenkompott ist im Winter bei trockener Heizungsluft deshalb sehr zu empfehlen.

Mandel-Milchreis mit Erdbeeren

300 ml (Soja- oder Reis-) Milch
2 EL Zucker
Mark einer halben Vanilleschote
30 g geschälte Mandeln

70 g Rundkornreis

1 Prise Kardamompulver

1 Prise Salz
150 g Erdbeeren

Schale einer halben Zitrone, fein gerieben

Die Milch mit dem Zucker, dem ausgekratzten Mark der Vanilleschote und der Vanilleschote aufkochen. Den Reis unter Rühren zugeben und mit Kardamompulver, einer Prise Salz und geriebener Zitronenschale würzen. Den Reis im geschlossenen Topf bei geringster Hitze 20 Minuten quellen lassen, dabei ab und zu umrühren.

Inzwischen die Erdbeeren waschen, putzen und eventuell halbieren. Den Reis etwas abkühlen lassen und die Vanilleschote entfernen. Milchreis in Schüsseln anrichten und die Erdbeerstücke darauf anrichten.

Küchentipp

Wer rohe Erdbeeren nicht so gut verträgt, kann folgende Variante ausprobieren. 1 Ei mit 100 ml Schlagobers verquirlen und den ausgekühlten Milchreis damit vermischen. Erdbeerstückchen vorsichtig unterheben und den Milchreis in eine gefettete Auflaufform füllen. Den Milchreis mit etwas Zucker bestreuen und im Backofen bei 180 °C 5 bis 7 Minuten backen, dann den Grill dazuschalten und den Zucker kurz karamellisieren lassen.
Statt Erdbeeren kann auch jedes andere beliebige Obst verwendet werden.

Scheiterhaufen mit Apfel und Hirse

250 ml (Soja- oder Reis-) Milch
100 g Hirse
1 TL Zimtpulver
2 Eier
2 EL Honig
2 Äpfel
2 EL geriebene Walnüsse
2 EL Butter
Butter für die Form

1 TL Ingwer, fein gerieben

125 ml Wasser
1 Prise Salz

2 EL Frischkäse
2 EL Zitronensaft

Schale einer halben Zitrone, fein gerieben

Milch mit Hirse, Zimt, Ingwer, Wasser und einer Prise Salz aufkochen. Die Hirse im geschlossenen Topf bei kleinster Hitze 15 bis 20 Minuten quellen lassen, dabei ab und zu umrühren.

Äpfel schälen, entkernen, in Scheiben schneiden und sofort mit Zitronensaft beträufeln.

Backofen auf 180 °C vorheizen.

Die Eier trennen. Eiklar zu steifem Schnee schlagen. Den Frischkäse mit Zitronenschale, Eidotter, Honig und geriebenen Nüssen gut verrühren und mit der Hirse vermischen. Den Eischnee vorsichtig unter die Masse heben.

Die Hälfte der Masse in eine gefettete Form geben, Apfelscheiben darauflegen und mit der restlichen Masse abdecken. Butterflocken auf dem Auflauf verteilen und den Scheiterhaufen 35 bis 40 Minuten backen. Wenn nötig, den Auflauf mit Alufolie vor zu starker Bräunung schützen.

Pfirsich-Marzipan-Kuchen

12 Stück
1 Tortenform

150 g weiche Butter
150 g Zucker
Mark einer halben Vanilleschote
3 Eier
100 ml (Soja- oder Reis-) Milch
Butter für die Form
50 g Marzipan-Rohmasse
4 Pfirsiche

1/2 TL Kardamompulver
1 TL Ingwer, fein gerieben

1 Prise Salz

150 g Dinkelmehl
2 TL Backpulver

150 g Buchweizenmehl

Backofen auf 180 °C vorheizen.

Weiche Butter mit Zucker, Vanillemark und Eiern schaumig rühren. Dann Milch, Kardamompulver, geriebenen Ingwer und Salz einrühren. Zum Schluss das Dinkelmehl mit Backpulver vermischen und zusammen mit dem Buchweizenmehl dazugeben.

Eine Springform (ca. 26 cm Durchmesser) mit Butter einfetten und den Teig gleichmäßig einfüllen.

Die Pfirsiche waschen, halbieren und den Kern entfernen. Die Pfirsichhälften mit der Schnittfläche nach oben auf dem Teig verteilen. Marzipan mit den Fingern zerbröseln und darauf verteilen.

Den Kuchen 40 bis 45 Minuten backen. Wenn nötig, den Kuchen mit Alufolie vor zu starker Bräunung schützen.

Küchentipp

Dieser Kuchen schmeckt auch mit anderen Obstsorten, z. B. mit Marillen, Äpfeln oder Birnen, sehr gut.

Mohnroulade mit Preiselbeermarmelade

8–10 Portionen

4 Eier
90 g Zucker
2 EL Zucker
Staubzucker zum Bestreuen

2 EL Rum

1 Prise Salz

80 g Dinkelmehl
1 TL Backpulver
4 EL Preiselbeermarmelade

4 EL gemahlener Mohn

Backofen auf 200 °C vorheizen und ein Backblech mit Backpapier auslegen. Eier mit 90 g Zucker und Rum schaumig aufschlagen. Dann Salz, Dinkelmehl und Backpulver zugeben und nochmals gut durchrühren. Zum Schluss den gemahlenen Mohn unterheben. Die Masse auf dem Backblech gleichmäßig verteilen und glatt streichen.

Das Biskuit 10 bis 12 Minuten goldgelb backen, dann aus dem Ofen nehmen und 5 Minuten rasten lassen. Ein Backpapier mit 2 EL Zucker bestreuen, das Biskuit darauf stürzen und dann das Backpapier abziehen. Mit Hilfe des zweiten Backpapiers das Biskuit zu einer Roulade einrollen und auskühlen lassen. Roulade entrollen, mit Preiselbeermarmelade bestreichen und wieder einrollen. Mit Staubzucker bestreut servieren.

Küchentipp

Wer es cremiger mag, kann 100 ml Schlagobers mit Vanillezucker steif schlagen und dann zusätzlich auf die Marmelade streichen. Fein schmeckt es auch, wenn die Marmelade mit etwas Mascarpone oder Frischkäse vermischt wird.

Apfelstrudel mit Dörrzwetschken

4 Portionen
1 Strudel

2 süße Äpfel
2 EL Leinsamen, geschrotet
1 EL Vanillezucker
1 TL Zimtpulver
2 Strudelteigblätter aus dem Kühlregal
1 EL Butter zum Bestreichen
5 Dörrzwetschken

1 Prise Nelkenpulver

2 EL Wasser

3 EL Semmelbrösel
Saft einer Zitrone

Schale einer Zitrone, fein gerieben

Backofen auf 200 °C vorheizen.

Äpfel schälen, entkernen, blättrig schneiden. Die Apfelstücke in einer Schüssel mit geschrotetem Leinsamen, Vanillezucker, Zimt- und Nelkenpulver, Wasser, Semmelbröseln, Zitronensaft und Zitronenschale gut vermischen.

Den Strudelteig auf ein Küchentuch legen. Butter zerlassen und den Strudelteig mit der Hälfte davon gut einpinseln. Die Apfelmasse gleichmäßig auf dem Strudelteig verteilen. Die Dörrzwetschken grob hacken und auf den Äpfeln verteilen. Die Teigblätter seitlich einschlagen und den Strudel dann von vorne nach hinten eng aufrollen und mit der Naht nach unten auf das Backblech legen.

Den Strudel mit der restlichen Butter bestreichen und im Backofen 25 Minuten backen.

Küchentipp

Mit Staubzucker bestreut lauwarm oder kalt servieren.

Marillenstrudel

8 Portionen
2 Strudel

- 750 g frische Marillen
- 3 Eier
- 50 g Zucker
- 1 Paket Strudelteig aus dem Kühlregal
- 40 g Butter zum Bestreichen
- 20 g Pinienkerne
- 70 g Amaretti (italienische Mandelkekse, ersatzweise Vollkornbiskotten verwenden)
- 1/2 TL Kardamompulver
- 1 Prise Salz
- 250 g Frischkäse
- 40 g Bitterschokolade

Backofen auf 190 °C vorheizen. Backblech mit Backpapier auslegen.

Marillen waschen, abtrocknen, entkernen und vierteln. Eier trennen, Eiklar mit der Hälfte des Zuckers zu festem Eischnee schlagen. Die Eidotter mit der anderen Hälfte des Zuckers, dem Kardamompulver und Salz schaumig rühren. Frischkäse und Eischnee unterheben.

Den Strudelteig auf ein Küchentuch legen, Butter zerlassen und den Strudelteig mit Butter einpinseln. Die Hälfte der vorbereitete Frischkäsecreme auf den Teig streichen, dabei die Ränder etwa 5 cm breit freilassen. Pinienkerne in einer beschichteten Pfanne rösten. Amaretti und Schokolade grob hacken. Pinienkerne, Amarettibrösel und gehackte Schokolade gleichmäßig auf der Creme verteilen. Marillen darauf legen und die Teigblätter seitlich einschlagen. Den Strudel mit Hilfe des Geschirrtuches dann von vorne nach hinten eng aufrollen und mit der Naht nach unten auf das Backblech legen.

Den Strudel mit der restlichen Butter bestreichen und im Backofen 30 bis 40 Minuten backen.

Apfelmus-Tiramisu

4–5 Portionen

4 Äpfel
1/2 Zimtstange
250 ml Schlagobers
1 EL Vanillezucker
20 Stück (100 g) Vollkorn-biskotten

1 Prise Nelkenpulver

200 ml Wasser

1 Zitronenscheibe

30 g Bitterschokolade

Die Äpfel schälen, entkernen und in Stücke schneiden. Das Wasser erhitzen und die Apfelstücke mit der Zimtstange, Nelkenpulver und der Zitronenscheibe zugedeckt 10 Minuten weich kochen. Zimtstange und Zitronenscheibe entfernen und das Apfelkompott pürieren. Das Apfelmus auskühlen lassen.

Das Schlagobers mit dem Vanillezucker steif schlagen und dann das Apfelmus unterheben. Bei Bedarf mit Zucker oder Honig süßen.

In eine Form abwechselnd Biskotten und die Apfelcreme schichten. Mit der Creme abschließen. Das Tiramisu mindestens 4 Stunden kalt stellen.

Vor dem Anrichten die Schokolade fein reiben und das Tiramisu damit bestreuen.

Küchentipp

Mit fertigem Apfelmus ist das Tiramisu in fünf Minuten fertig – ohne Kühlzeit.

Kirsch-Marzipan-Schnecken

4 Portionen

250 ml (Soja- oder Reis-) Milch
2 EL Butter
1 EL Honig
300 g Kirschen
2 EL Zucker
2 EL geriebene Mandeln
70 g Marzipan-Rohmasse
etwas Milch zum Bestreichen
1/2 TL Zimtpulver

1/2 TL Kardamompulver

1 Prise Salz

1/2 Würfel frische Hefe oder
1 Packung Trockenhefe
100 g Weizenmehl
100 g Dinkelmehl

1 TL geriebene Orangenschale

Vorbereitung mit frischer Hefe: Etwas lauwarme Milch mit der zerbröselten Hefe und dem Honig für 15 Minuten an einem warmen Ort stehen lassen. Dann wie bei der Zubereitung mit Trockenhefe weitermachen.

Weizen- und Dinkelmehl mit Trockenhefe und geriebener Orangenschale vermischen. Die Milch leicht erwärmen und die Butter darin schmelzen lassen. Honig, Kardamompulver und Salz zur Milch geben. Mehl mit Milch zuerst mit den Knethaken des Mixers und dann mit den Händen zu einem glatten Teig verkneten. Den Teig zugedeckt an einem warmen Ort 20 bis 30 Minuten gehen lassen. Inzwischen die Füllung zubereiten: Kirschen waschen, entkernen und mit Zucker, geriebenen Mandeln, zerbröseltem Marzipan und Zimtpulver gut vermischen.

Backofen auf 190 °C vorheizen. Den Teig auf einer bemehlten Arbeitsfläche nochmals mit den Händen gut durchkneten und dann zu einem Rechteck (ca. 35 mal 20 cm) ausrollen. Die Kirschfüllung gleichmäßig darauf verteilen und von der schmalen Seite aufrollen. Die Rolle in etwa 2 cm dicke Scheiben schneiden und auf ein gefettetes oder mit Backpapier ausgelegtes Backblech legen. Die Schnecken mit etwas Milch bestreichen und 20 bis 25 Minuten backen. Am besten noch warm servieren.

Irische Versuchung

4–6 Portionen

5 säuerliche Äpfel
200 g gemischte Beeren (Brombeeren, Himbeeren, Heidelbeeren, …)
100 g Weizenmehl

100 g Zucker
100 g kalte Butter
3 EL Kokosraspeln
1 TL Zimtpulver

1/2 TL Kakaopulver

1/2 TL Lebkuchengewürz
3 EL Haferflocken

1 Prise Salz

Backofen auf 180 °C vorheizen.

Die Äpfel schälen, vierteln und entkernen. Die Apfelstücke in dünne Scheiben schneiden. Beeren waschen. Das Obst in einer Auflaufform mit der Hälfte des Zuckers vermischen und gleichmäßig darin verteilen.

In einer Schüssel Mehl mit Kakaopulver und der kalten Butter mit den Fingern verkrümeln, bis Streusel entstehen, dann den restlichen Zucker, Kokosraspeln, Zimtpulver, Lebkuchengewürz, Haferflocken und Salz unterrühren. Die Streusel dann über die Früchte verteilen und im Backofen etwa 40 Minuten goldbraun backen.

Kücheninfo

Obst mit Streuseln überbacken ist ein beliebtes Dessert in Irland. Die Variationsmöglichkeiten sind beinahe unendlich. Im Grunde kann dafür jedes Obst verwendet werden (z. B. Pfirsiche, Marillen, Birnen, Rhabarber …). Auch bei den Streuseln kann man durch verschiedene Gewürzvariationen (mit Vanille, Kardamom …) oder durch die Beigabe von Schokostückchen kreativ werden.

Apfeltarte mit Kardamomguss

10–12 Stück
1 Tarteform

100 g Weizenmehl
100 g Dinkelmehl
1 TL Backpulver
Saft einer Zitrone
100 g Frischkäse oder Sauerrahm

1/2 TL Kakao
2 EL Wodka

3 Eier
100 g Butter
50 g Zucker
1 kg Äpfel
250 ml (Soja- oder Reis-) Milch
Mark einer Vanilleschote

1 TL geriebener Ingwer
1 EL Kardamomsamen

1 Prise Salz

Für den Teig das Mehl auf einer Arbeitsplatte mit dem Backpulver und Kakao vermischen. In der Mitte eine Mulde eindrücken und ein Ei, in Würfel geschnittene Butter, Zucker, Ingwer und eine Prise Salz zugeben. Mit den Händen zügig zu einem glatten Teig formen. Dann die Teigkugel in ein Stück Klarsichtfolie wickeln und 30 Minuten im Kühlschrank rasten lassen.

Die Äpfel waschen, entkernen und in dünne Spalten schneiden. Mit Zitronensaft beträufeln und beiseite stellen. Backofen auf 200 °C vorheizen. Den Teig ausrollen und den Boden einer Tarteform (Durchmesser ca. 30 cm) damit auslegen, den Rand leicht andrücken. Die Apfelstücke gleichmäßig auf dem Teig verteilen.

Die Milch mit den restlichen 2 Eiern und dem Vanillemark gut verquirlen. Die Kardamomsamen im Mörser fein zerstoßen und zusammen mit Frischkäse und Wodka zur Eiermilch geben. Alles gut verrühren und dann auf den Äpfeln verteilen.

Die Tarte 20 bis 25 Minuten backen.

Karamellisierte Birnen mit Erdbeeren

2 Birnen
1 EL Butter
2 EL Honig
1/2 TL Fenchelsamen

1 Prise Kardamompulver
Minze zum Garnieren

2–3 EL Wasser

200 g Erdbeeren

einige Orangenzesten

Die Birnen schälen, entkernen und in ca. 1 cm dicke Spalten schneiden. Pfanne erhitzen und darin Orangenzesten in der Butter kurz anbraten.

Die Birnenspalten bei mittlerer Hitze dazugeben und kurz dünsten. Dann Honig und Fenchelsamen zugeben und die Birnen darin schwenken.

In der Zwischenzeit die Erdbeeren waschen und die Hälfte davon mit Kardamompulver und etwas Wasser pürieren. Die restlichen Erdbeeren halbieren und zu den Birnen geben.

Erdbeermus auf zwei Teller verteilen und darauf die karamellisierten Birnen und Erdbeeren anrichten.

Mit Minze garniert servieren.

Pfirsiche mit Frischkäse überbacken

2 saftige Pfirsiche
Butter für die Form
1 EL Zucker
10 Mandeln
2 EL Honig

1 Prise Kardamompulver

1 EL Wasser

4 EL Frischkäse,
Doppelrahmstufe
1 Handvoll Himbeeren

1/2 TL Kakaopulver

Backofen auf 180 °C vorheizen.

Pfirsiche waschen, halbieren und den Kern entfernen. Die Pfirsichhälften mit der Schnittstelle nach oben in eine gebutterte Auflaufform setzen, mit Zucker bestreuen und im Backofen ca. 15 Minuten garen.

Die Mandeln grob hacken. Wasser mit Frischkäse cremig rühren. Mit Honig und Kardamompulver abschmecken. Zum Schluss die gehackten Mandeln unterrühren.

Die vorgebackenen Pfirsiche mit Himbeeren füllen und dann die Frischkäsecreme darauf verteilen. Den Backofen auf Grillstufe umschalten und die Pfirsiche 3 bis 4 Minuten gratinieren.

Mit Kakaopulver bestreut servieren.

Heidelbeer-Knusper-Trifle

50 ml Kokosmilch oder Kokoscreme
300 ml Soja-Vanillecreme (oder selbst gemachter Vanillepudding)
2 EL Kokoschips

1 EL Kokoslikör (z. B. Batida de Coco, ersatzweise weißer Rum)

200 g Heidelbeeren

100 g Amaranth-Vollkornflakes (ersatzweise andere zuckerfreie Cornflakes)

Heidelbeeren waschen und abtropfen lassen.

Die Amaranth-Vollkornflakes auf zwei Schüsseln oder schöne Gläser verteilen.

Kokosmilch mit Likör vermischen und auf die Cornflakes träufeln. Heidelbeeren darauf verteilen und mit der Sojacreme bedecken.

Mit Kokoschips bestreuen und im Kühlschrank mindestens eine Stunde durchziehen lassen.

Heidelbeeren

Sowohl die Früchte als auch die Blätter der Heidelbeerpflanze haben eine nachgewiesene Heilwirkung. Frische Beeren werden zum Blutaufbau und als Stärkungsmittel empfohlen. Die Früchte sind vitamin- und mineralstoffreich, vor allem reich an Vitamin C und Eisen. Getrocknete Heidelbeeren sind ein altbekanntes Mittel gegen Durchfall. Frische Heidelbeeren wirken dagegen leicht abführend.

Maroniknödel auf Glühwein-Früchten

3 Eier
6 EL Zucker
1 Apfel
1 Birne
1 Zimtstange
1 EL Kuzu oder Pfeilwurzelmehl
150 g Maronipüree
50 g geriebene Nüsse

1 Prise Curcumapulver (Gelbwurz)
3 Gewürznelken
2 Kardamomkapseln
1/16 l Rum

1 Prise Salz
30 ml Wasser

3 EL Dinkelmehl
3 EL Weizenmehl
Saft einer Orange

1/2 TL geriebene Zitronenschale
125 ml Rotwein

Zuerst ein Biskuit zubereiten und den Backofen auf 180 °C vorheizen. Backblech mit Backpapier auslegen. Die ganzen Eier mit geriebener Zitronenschale, Zucker, Curcumapulver und Salz schaumig aufschlagen. Dann das Mehl zügig unterheben und den Teig gleichmäßig auf das Backblech verteilen. Das Biskuit 10 bis 12 Minuten backen und dann auskühlen lassen.

Apfel und Birne schälen, entkernen und in Spalten schneiden. In einem Topf den Orangensaft mit Rotwein, Zimt, Nelken und Kardamomkapseln erhitzen und die Obststücke darin 4 bis 5 Minuten dünsten. Dann die Früchte und Gewürze herausnehmen. Kuzu oder Pfeilwurzelmehl in kaltem Wasser auflösen, zum Glühwein geben und kurz aufkochen, bis der Saft etwas sämig eingekocht ist.

Biskuit in kleine Würfeln schneiden. Maronipüree mit Rum verrühren und dann mit den Biskuitwürfeln gut vermischen und Knödel formen. Das geht am besten mit feuchten Händen. Die Maroniknödel in den geriebenen Nüssen wälzen.

Apfel- und Birnenspalten mit Glühwein-Sauce beträufelt auf zwei Teller anrichten und die Maroniknödel dazu servieren.

Erdbeerknödel auf Marzipanschaum

250 g mehlige Kartoffeln
50 g Kartoffelstärkemehl
10 g Butter
5 EL Zucker
50 g geriebene Haselnüsse
15 g Marzipan-Rohmasse
125 ml (Soja- oder Reis-) Milch

1 Prise Muskatnuss, gerieben
1 EL Rum

1 Prise Salz

2 EL Weizengrieß
4 große Erdbeeren

1 TL Kakaopulver

Für den Teig die Kartoffeln weich kochen, schälen und mit Hilfe einer Kartoffelpresse noch warm durchpressen. Die Kartoffeln dann mit Stärkemehl, Muskatnuss, Salz und Grieß zu einem geschmeidigen Teig verarbeiten. Den Teig zu einer Rolle formen und in vier gleiche Teile schneiden.

Die Erdbeeren waschen und trocken tupfen. Einen Topf mit Wasser und einer Prise Salz erhitzen. Den Kartoffelteig mit beiden Händen zu runden Platten drücken, je mit einer Erdbeere belegen und jeweils zu Knödeln formen. Die Knödel im Salzwasser einmal kurz aufkochen und dann 5 Minuten ziehen lassen.

Für den Marzipanschaum die Milch aufkochen, Marzipan und Rum zufügen und mit dem Schneebesen gut verrühren. Kurz abkühlen lassen und mit dem Stabmixer schaumig aufschlagen.

In einer Pfanne die Butter schmelzen lassen und den Zucker und die geriebenen Haselnüsse kurz darin anrösten. Die gekochten Knödel darin wenden.

Knödel in tiefen Tellern mit dem Marzipanschaum anrichten und mit etwas Kakaopulver bestäuben.

Weintraubenkompott mit Birnen-Grießtalern

300 g Weintrauben
1/2 Vanilleschote
1 EL Stärkemehl (Pfeilwurzel- oder Kartoffelstärkemehl)
1 Birne
1 EL Honig
1 Ei
Rapsöl zum Braten

3 Kardamomkapseln
1 TL Ingwer, fein gerieben

100 ml Wasser
1 Prise Salz

Saft einer halben Zitrone
2 EL Weizengrieß

1/2 TL geriebene Zitronenschale

Weintrauben waschen und je nach Größe halbieren. Vanilleschote aufschneiden und das Mark herauskratzen. Wasser in einem kleinen Topf erhitzen und die Weintrauben darin mit Vanillemark, Vanilleschote, Kardamomkapseln, Salz, und Zitronensaft 7 bis 10 Minuten zu einem Kompott einkochen. Stärkemehl in etwas kaltem Wasser auflösen, ins Kompott einrühren und nochmals kurz aufkochen. Dann auskühlen lassen.

Für die Birnen-Grießtaler die Birne schälen, entkernen und grob reiben. Die Birnenraspeln in einer Schüssel mit geriebenem Ingwer, Salz, Grieß, Zitronenschale und Ei zu einer kompakten Masse verrühren. Rapsöl in einer Pfanne erhitzen und mit dem Löffel kleine runde Taler formen, diese auf beiden Seiten goldgelb backen. Das Kompott mit den Birnen-Grießtalern servieren.

Weintrauben

Frische Weintrauben sind reich an Vitaminen und Mineralstoffen. In der Volksheilkunde wird ein- bis zweimal im Jahr eine Traubenkur empfohlen. Dazu isst man ein bis drei Tage lang täglich ein bis drei Kilogramm frische Weintrauben. Eine Traubenkur reinigt den Körper und baut ihn gleichzeitig wieder auf.

Birnen-Palatschinken

1 Ei
1 Prise Zimtpulver
1 TL Vanillezucker
100 ml (Soja- oder Reis-) Milch
2 reife Birnen
Sonnenblumenöl zum Ausbacken
Staubzucker zum Bestreuen

1 TL Ingwer, gerieben
1 Prise Nelkenpulver

1 Prise Salz

50 g Dinkelmehl
Saft einer halben Zitrone

1 Prise Curcumapulver (Gelbwurz)
1 EL Birnenbrand

In einer Schüssel Ei mit Zimtpulver, Vanillezucker und Milch mit dem Schneebesen verrühren. Dann Ingwer, Salz, Dinkelmehl und Curcumapulver unterheben.
Den Teig kurz stehen lassen.

Inzwischen die Birnen schälen, entkernen und in Würfel oder Spalten schneiden. Die Birnenstücke mit Nelkenpulver, Zitronensaft und Birnenbrand marinieren.

Eine beschichtete Pfanne mit etwas Öl erhitzen und aus dem Teig 2 dünne Palatschinken backen. Die Palatschinken mit den Birnenstücken füllen, einrollen und mit Staubzucker bestreut servieren.

Küchentipp

Wenn die Birnen hart sind, die Birnenstücke kurz in etwas Wasser dünsten und erst danach marinieren – das ist bekömmlicher. Wenn Kinder mitessen, den Birnenbrand ersatzlos streichen.

Blitz-Apfelkuchen

12 Stück
1 Tortenform

4 säuerliche Äpfel
Saft einer halben Zitrone
200 g Dinkel- oder Weizenmehl
1 TL Backpulver

Butter für die Form
4 Eier
150 g weiche Butter
150 g Zucker
1 TL Vanillezucker
1 EL Zimtpulver

1/2 TL Nelkenpulver

1 Prise Salz

1 EL Kakao

Backofen auf 180 °C vorheizen. Eine Springform einfetten und mit Mehl bestäuben. Äpfel schälen, Kerngehäuse entfernen, in Spalten schneiden und mit Zitronensaft beträufeln.

Eier trennen, Eiklar zu festem Eischnee schlagen und beiseite stellen. Weiche Butter mit Eidotter, Zucker und Vanillezucker schaumig rühren, Zimtpulver, Nelkenpulver und Salz unterrühren. Mehl mit Backpulver und Kakao zugeben. Eischnee unter die Masse heben und in die Springform füllen. Die Apfelstücke gleichmäßig auf dem Teig verteilen und leicht hineindrücken. Den Kuchen im Backofen 40 bis 45 Minuten backen. Ausgekühlt mit Staubzucker bestreut servieren.

Äpfel

„An apple a day keeps the doctor away" –, viele kennen diesen Spruch. Ein Apfel deckt rund ein Viertel des täglichen Vitamin C-Bedarfs und enthält über 20 Mineralstoffe, darunter nennenswerte Mengen an Kalium, Eisen, Phosphor und Magnesium. Weitere Inhaltsstoffe wie Flavonoide, Phenole und Carotinoide sorgen für die krebsvorbeugende Wirkung, regulieren den Blutdruck, stimulieren das Immunsystem und wirken entzündungshemmend.

Honigbananen mit Szechuan-Pfeffer

2 EL Wasser

Wasser in einer beschichteten Pfanne erhitzen. Die geschälten und halbierten Bananen darin 2 bis 3 Minuten weich dünsten und dann auf 2 Teller geben.

2 Bananen
4 EL Honig
1 EL Butter

Im Bratrückstand Honig mit Butter auflösen. Den Szechuan-Pfeffer bzw. die rosa Pfefferbeeren kurz im Mörser zerstoßen und mit Zitronensaft und Kakaopulver zur Sauce geben.

1 TL Szechuan-Pfeffer (ersatzweise rosa Pfefferbeeren)

Saft einer halben Zitrone

1 Prise Kakaopulver

Die Sauce gut verrühren und die Bananenhälften damit beträufeln.

Szechuan-Pfeffer

Der Szechuan-Pfeffer wird wegen seines fruchtigen Geschmacks auch Anis- oder Zitronenpfeffer genannt. Verwendet werden ausschließlich die getrockneten Fruchtkapseln, die darin enthaltenen bitteren Samen sollten entfernt werden. Der Geschmack dieses Pfeffers ist weniger scharf, dafür prickelnd und betäubt die Zunge leicht. Aufgrund seiner "bewegenden" Wirkung wird Szechuan-Pfeffer in der chinesischen Heilkunde gerne als Gewürz genutzt.

Erdbeer-Kokosbaiser

6–8 Stück

2 Eiklar
100 g Staubzucker
4 EL Kokosraspeln
100 g Schlagobers

1 kleines Stück Ingwer

1 Prise Salz
2–3 EL Wasser

200 g Erdbeeren
100 g Mascarpone
(italienischer Frischkäse)

1 Rippe Bitterschokolade

Backofen auf 130 °C vorheizen.

Eiklar mit Salz zu steifem Schnee schlagen. Staubzucker nach und nach einrühren, bis er gut aufgelöst ist. Zum Schluss die Kokosraspeln unterheben. Ein Backblech mit Backpapier auslegen und mit einem Esslöffel kleine runde Häufchen auf das Backpapier setzen. Diese dann 15 bis 20 Minuten backen. Backofentüre hin und wieder öffnen, damit es nicht zu heiß wird und die Baisers hell bleiben.

Für die Füllung Erdbeeren waschen, trocken tupfen und klein schneiden. Schlagobers steif schlagen. Ingwer fein reiben und mit Wasser zum Mascarpone geben und diesen dann cremig rühren. Schlagobers unterheben. Die Bitterschokolade in feine Stücke hacken und mit den Erdbeeren zur Creme geben.

Die Hälfte der Baisers umdrehen und den Boden mit der Erdbeercreme bestreichen. Die andere Hälfte mit dem Boden zur Creme darauf setzen.

Obstsuppe

250 g Obst der Saison (Äpfel, Birnen, Zwetschken, Marillen, Pfirsiche …)
1/2 Zimtstange
2 EL Honig
1 EL Stärkemehl (Pfeilwurzel- oder Kartoffelstärkemehl)

4 Gewürznelken
1 Prise Kardamompulver
Minze zum Garnieren

400 ml Wasser

Saft einer halben Zitrone
100 ml Weißwein

1/2 TL geriebene Zitronenschale

Obst waschen, entkernen und in mundgerechte Stücke schneiden.

Die Oststücke mit Zimtstange, Gewürznelken und Wasser in einem Topf aufkochen und 10 bis 15 Minuten weich kochen.

Zimtstange und Gewürznelken entfernen und die Suppe pürieren. Mit Zitronensaft, Weißwein, Zitronenschale, Honig und Kardamompulver abschmecken.

Stärkemehl in etwas kaltem Wasser auflösen, in die Obstsuppe einrühren und nochmals kurz aufkochen. Die Suppe heiß oder kalt mit Minze garniert servieren.

Obstsuppen

Obstsuppen sind für Menschen, die zu wenig trinken, eine gute Möglichkeit, um Flüssigkeit aufzunehmen. Die Auswahl des Obstes kann beliebig nach Saison erfolgen. Im Winter eignen sich Äpfel und Birnen, im Frühjahr und Sommer Beerenfrüchte, Marillen oder Pfirsiche und im Herbst Holunder, Zwetschken, Quitten oder Sanddorn.

Sanddorn-Lassi

2 EL Honig

1 Prise Kardamompulver
Minze zum Garnieren

1 Prise Salz
200 ml Mineralwasser

300 ml (Schafmilch-) Joghurt
4 EL Sanddorn-Mus

1 Prise Curcumapulver
(Gelbwurz)

Joghurt mit Sanddorn-Mus, Curcumapulver, Honig, Kardamompulver, Salz und Mineralwasser gut verrühren oder im Standmixer aufschlagen.

Das Lassi in zwei hohe Gläser geben und mit Minze garniert servieren.

Sanddorn

Sanddorn ist besonders reich an Vitamin C. Wie der Name schon sagt, liebt der Sanddorn sandige, karge Böden. Sanddorn-Sträucher sind fast überall in Europa zu finden, besonders häufig in Norddeutschland und auch in Italien. Die Beeren sind sehr vitaminreich und werden zu Saft und Marmeladen verarbeitet. Sanddorn-Mark oder -Mus ist eine tolle Zutat zur Verfeinerung von Frühstücksgerichten oder Süßspeisen. Speziell im Winter ist das Mus eine willkommene Abwechslung und ein wertvoller Vitaminspender.

würzig & vollmundig

Desserts mit Nüssen, Samen und Gewürzen

Schneller Nusskuchen

10 Stück
1 Kastenform

2 Eier
1 Becher Zucker
(1 Joghurtbecher voll)
1/2 Becher Sonnenblumenöl
(1/2 Joghurtbecher voll)
1 Becher geriebene Haselnüsse
(1 Joghurtbecher voll)
Butter für die Form
150 ml Schlagobers

1 TL Lebkuchengewürz

1 Prise Salz

1 Becher Joghurt (250 ml)
1 Becher Dinkelmehl
(1 Joghurtbecher voll)
1 EL Backpulver

1/2 Becher Kakaopulver
(1/2 Joghurtbecher voll)
100 g Bitterschokolade

Backofen auf 180 °C vorheizen.

In einer großen Schüssel die Eier mit dem Zucker schaumig aufschlagen.

Nach und nach Öl, Haselnüsse, Lebkuchengewürz, Salz, Joghurt, Dinkelmehl, Backpulver und Kakaopulver zugeben und alles mit dem Handmixer gut verrühren.

Eine Kastenform mit Butter gut ausfetten und den Teig einfüllen. Den Kuchen ca. 50 Minuten backen und dann auskühlen lassen.

Für die Glasur die Schokolade im Schlagobers bei mittlerer Hitze schmelzen lassen. Dann die Mischung vom Herd nehmen und so lange rühren, bis die Glasur abgekühlt ist.

Den Kuchen mit der Glasur überziehen und kalt stellen.

Waldviertler Mohnzelten

300 g mehlige Kartoffeln
70 g Butter
2 Eier
150 g Zucker
1/2 TL Zimtpulver

1 Prise Muskatnuss, gerieben
2 EL Rum

1 Prise Salz

250 g Weizenmehl
2 EL Sauerrahm
1 TL Backpulver

150 g gemahlener Mohn
(Blau- oder Graumohn)

Die Kartoffeln kochen, schälen und noch warm durch die Kartoffelpresse drücken. Die warme Kartoffelmasse mit 10 g Butter, Eiern, Muskatnuss, Salz, Weizenmehl, Sauerrahm und Backpulver zu einem Kartoffelteig verarbeiten.

Für die Fülle 60 g Butter erhitzen. Den Mohn einrühren und nach und nach Zucker, Zimt und Rum zugeben. Die Mohnfülle abkühlen lassen und dann mit feuchten Händen kleine Mohnkugeln formen.

Backofen auf 200 °C vorheizen.

Aus dem Teig eine Rolle formen, gleich große Teilstücke abschneiden und mit Mohnfülle belegen. Dann zu Knödeln formen und diese dann mit der Handfläche flach drücken.

Die Mohnzelten auf ein mit Backpapier belegtes Backblech legen und 10 bis 15 Minuten backen. Dann die Zelten vorsichtig umdrehen und in weiteren 10 bis 15 Minuten fertigbacken.

Pistazien-Orangenkekse

20 Stück

100 g Dinkelmehl
Saft einer halben Orange

geriebene Schale einer Orange
30 g Bitterschokolade

80 g geriebene Pistazien
80 g Zucker
80 g Butter
20 Pistazien

1 Prise Kardamompulver

1 Prise Salz

Backofen auf 170 °C vorheizen. Backblech mit Backpapier belegen.

Das Dinkelmehl mit Orangensaft, Orangenschale und den geriebenen Pistazien auf einer Arbeitsfläche gut vermischen. Dann Zucker und in Würfel geschnittene Butter, Kardamompulver und Salz zugeben, alles zügig zu einem glatten Teig verkneten. Bei Bedarf noch etwas Mehl zugeben.

Den Teig zu einer Rolle formen und 2 cm breite Stücke abschneiden. Aus den Stücken kleine Kugeln formen und auf das Backblech legen. Die Kekse 15 Minuten backen, dann auskühlen lassen.

Die Schokolade bei mittlerer Hitze im Wasserbad schmelzen. Auf jeden Keks etwas Schokolade tropfen und mit einer Pistazie belegen.

Gewürz-Knusperkekse

30 Stück

100 g Butter
50 g Kokosraspeln
100 g Zucker
1/2 TL Zimtpulver

1 Prise Muskatnuss, gerieben
1/2 TL Kardamompulver
1 TL Ingwer, fein gerieben
50 g Haferflocken

2 EL heißes Wasser

50 g Weizenmehl
2 TL Backpulver

1/2 TL Kakaopulver

Backofen auf 180 °C vorheizen.

Butter schmelzen und mit Kokosraspeln und Zucker vermischen. Dann Zimtpulver, Muskatnuss, Kardamompulver, geriebenen Ingwer und die Haferflocken zufügen.

Zum Schluss das heiße Wasser, das mit Backpulver vermischte Weizenmehl und das Kakaopulver unterrühren.

Ein Backblech mit Backpapier auslegen und mit einem Teelöffel kleine Portionen der Keksmasse auf das Backpapier setzen. Genug Abstand zwischen den einzelnen Portionen lassen, da sich die Größe durch das Backen verdoppelt.

Die Kekse im Backofen 10 Minuten goldbraun backen.

Die Kekse sind im heißen Zustand weich und werden nach dem Auskühlen schön knusprig.

Kürbispudding mit Nüssen

150 g geschälter Hokkaido-Kürbis
2 EL Zucker
1 Prise Anissamen, gemahlen
100 ml Schlagobers
30 g Walnüsse
2 EL Honig

1 TL Ingwer, fein gerieben

100 ml Wasser
1 EL Agar-Agar

30 ml Orangensaft

Schale einer halben Zitrone

Kürbis in kleine Stücke schneiden. Wasser in einem Topf erhitzen und die Kürbisstücke mit Zucker und Anissamen bei mittlerer Hitze weich kochen. Die Kürbisstücke mit dem Kochwasser pürieren, den geriebenen Ingwer zugeben und das Agar-Agar einrühren.

Die Masse nochmals für 2 bis 3 Minuten aufkochen, dann vom Herd nehmen und den Orangensaft und geriebene Zitronenschale einrühren. Die Masse auskühlen, aber nicht fest werden lassen.

Schlagobers steif schlagen und unter die Kürbismasse heben.

Förmchen oder Tassen mit kaltem Wasser ausspülen und den Kürbispudding einfüllen. Im Kühlschrank 3 bis 4 Stunden gut durchkühlen lassen.

Zum Garnieren den Honig erwärmen und die Nüsse eine Weile darin durchziehen lassen. Die Förmchen kurz in heißes Wasser tauchen, den Pudding auf einen Teller stürzen, mit Nüssen garnieren und mit Honig beträufeln.

Weintraubenstrudel mit Mandeln

3–4 Portionen

200 g Weintrauben
(grüne und blaue gemischt)
2 Eier
60 g Butter
40 g Zucker
100 g Mandeln, gerieben
2 Strudelteigblätter aus dem Kühlregal
Butter zum Bestreichen
Staubzucker zum Bestreuen

1/2 TL Kardamompulver

1 Prise Salz

Saft einer halben Zitrone

2 EL Cognac

Backofen auf 180 °C vorheizen. Backblech mit Backpapier auslegen.

Weintrauben waschen, von den Stielen abrebeln und abtrocknen. Eier trennen und das Eiklar steif schlagen. Butter mit Zucker und Eidotter schaumig rühren. Dann die Mandeln, Kardamompulver, Salz, Zitronensaft und Rum dazugeben. Eischnee vorsichtig unterheben.

Die Strudelteigblätter auf ein Küchentuch legen und in der Mitte gleichmäßig mit der Mandelfüllung bestreichen. Die Weintrauben darauf verteilen, die Teigblätter seitlich einschlagen und den Strudel mithilfe des Küchentuches eng aufrollen.

Etwas Butter zerlassen und den Strudel damit bepinseln. Im Backofen 25 bis 30 Minuten knusprig backen.

Strudel auskühlen lassen, aufschneiden und mit Staubzucker bestreut servieren.

Gewürz-Guglhupf

10–12 Portionen
1 Guglhupfform

500 g mehlig kochende Kartoffeln
5 Eier
100 g Butter
100 g Zucker
60 g Mandeln, gerieben
1 TL Zimtpulver
Butter für die Form

1 Prise Muskatnuss, gerieben
1/2 TL Kardamompulver
1 TL Ingwer, fein gerieben
1/2 TL Koriandersamen, gemahlen
1 Prise Pimentpulver
1/2 TL Nelkenpulver

1 Prise Salz

4 EL Semmelbrösel
Weizengrieß für die Form

1/2 TL Curcumapulver (Gelbwurz)

Kartoffeln kochen, schälen und heiß durch die Kartoffelpresse drücken.

Backofen auf 180 °C vorheizen. Eier trennen und Eiklar zu Schnee schlagen. Butter und Zucker schaumig rühren. Nach und nach die Eidotter und die gepressten Kartoffeln zugeben. Dann die geriebenen Mandeln, die Gewürze (Zimtpulver, Muskatnuss, Kardamompulver, Ingwer, gemahlenen Koriander, Pimentpulver, Nelkenpulver), Salz, Semmelbrösel und Curcumapulver unterrühren. Zum Schluss den Eischnee vorsichtig unterheben.

Eine Guglhupfform gut mit Butter ausfetten und mit Grieß bestäuben. Den Teig gleichmäßig einfüllen. Einen ofenfesten Topf mit heißem Wasser füllen und die Guglhupfform hineinstellen. Den Guglhupf dann im Backofen 30 bis 40 Minuten im Wasserdampf kochen. Nach dem Auskühlen auf ein Teller stürzen und mit Staubzucker bestreut servieren.

Küchentipp

Zum Kartoffel-Gewürz-Guglhupf passt ein saftiges Kompott, z. B. aus Zwetschken, Holunder oder aus verschiedenen Beeren.

Beerentürmchen mit Mohncreme

4 EL Buchweizenmehl
2 EL geriebener Mohn
(Blau- oder Graumohn)

1 Ei
70 ml (Soja- oder Reis-) Milch
2 EL Honig
Sonnenblumenöl zum Backen

1 TL Kardamompulver

1 Prise Salz

300 g gemischte Beeren
(Himbeeren, Heidelbeeren, Erdbeeren …)
100 g Mascarpone oder Frischkäse

Buchweizenmehl mit Ei und Milch verquirlen. In einer beschichteten Pfanne etwas Öl erhitzen und aus dem Teig kleine Palatschinken backen. Die Palatschinken auskühlen lassen.

In der Zwischenzeit die Beeren waschen und abtrocknen. Mascarpone oder Frischkäse mit gemahlenem Mohn, Honig, Kardamompulver und Salz zu einer glatten Creme verrühren.

Die Palatschinken mit einer Keksform zu gleichmäßig runden Scheiben ausstechen.

Die Türmchen wie folgt zubereiten: Palatschinken mit 1 bis 2 EL Mohncreme bestreichen, mit Beeren belegen, mit Palatschinken abdecken. 2 bis 3 mal im Wechsel ein Türmchen aufschichten.

Mit Palatschinken abschließen und mit Beeren garnieren.

5-Elemente-Popcorn

4 EL Rapsöl
4 EL Butter
1/2 Tasse Maiskörner für Popcorn

1 EL Koriandersamen
6 Gewürznelken
1 EL ganze, schwarze Pfefferkörner
1 EL Kümmelsamen
1/2 TL Cayennepfeffer
1 Knoblauchzehe
1 TL Ingwer, gerieben

Salz nach Geschmack

Saft einer halben Zitrone

1 TL Curcumapulver (Gelbwurzel)

In einem hohen schweren Topf mit Deckel das Öl bei mittlerer Hitze erwärmen. Die Maiskörner dazugeben, gut umrühren, bis sie mit Öl überzogen sind und mit dem Deckel verschließen. Den Topf so lange rütteln, bis man die Körner platzen hört, das dauert etwa 3 bis 4 Minuten.

Eine Pfanne ohne Fett bei mittlerer Temperatur erhitzen. Kümmel, Pfefferkörner, Koriander und Nelken hineingeben und unter Rühren etwa 1 Minute lang erwärmen.

Die Gewürze sollten ein wenig Farbe annehmen und ihren Duft verströmen. Dann die Gewürze in einen Mörser geben und zu grobem Pulver zerstoßen. Knoblauchzehe schälen und durch eine Knoblauchpresse drücken.

In derselben Pfanne die Butter bei mäßiger Hitze zerlassen. Die gerösteten, zerstoßenen Gewürze, Cayennepfeffer, Knoblauch, Ingwer, Salz, Zitronensaft und Curcumapulver einrühren. Die aromatisierte Butter über das Popcorn gießen und alles gut vermengen. Möglichst noch warm in einer großen Schüssel servieren.

Hirse-Mandelcreme mit Erdbeeren

70 g Hirse
250 ml (Soja- oder Reis-) Milch
40 g Mandeln, gerieben
2 EL Honig

1 TL Ingwer, gerieben
1/2 Bund frische Minze

1 Prise Salz

250 g Erdbeeren
2 EL Orangensaft

etwas geriebene
Orangenschale

Milch erhitzen und die Hirse darin zugedeckt bei kleiner Hitze für 15 bis 20 Minuten weich kochen.

Inzwischen die Erdbeeren waschen, in mundgerechte Stücke schneiden und mit Orangensaft marinieren. Minze waschen, fein hacken und mit den Erdbeeren vermischen.

Die gekochte Hirse mit dem Pürierstab pürieren. Bei Bedarf etwas (Soja- oder Reis-) Milch zugeben. Dann die geriebenen Mandeln unterrühren und die Creme mit geriebener Orangenschale, Honig, geriebenem Ingwer und Salz abschmecken. Hirse auf zwei Schüsseln verteilen und die marinierten Erdbeeren darauf anrichten.

Hirse

Hirse ist glutenfrei und hat einen hohen Gehalt an Mineralstoffen und Spurenelementen. Sie enthält vor allem Kalzium, Eisen, Magnesium, Fluor und Kieselsäure und einige Vitamine. Die Mineralstoffe wirken sich positiv auf das Knochengerüst aus und helfen bei Haarausfall und brüchigen Nägeln. Hirse fördert zudem die Harnausscheidung und entgiftet den Körper.

Reis mit 8 Kostbarkeiten

4 Portionen

100 g Zucker
6 Lian Zi – Semen Nelumbinis (Lotussamen)
8 Da Zao – Fructus Jujubae (rote Datteln)
12 Ginkgo-Nüsse aus der Dose (alternativ können auch Mandeln verwendet werden)
1 EL Sonnenblumenöl
4 Walnüsse
4 kandierte Kirschen
4 getrocknete Longan-Früchte, entsteint

100 g Klebreis oder Rundkorn-Reis

50 g Adzukibohnen

Saft einer halben Zitrone

1/2 TL Kakaopulver

Rote Bohnenpaste vorbereiten: 50 g Adzukibohnen über Nacht einweichen. Das Einweichwasser wegschütten und die Bohnen in frischem Wasser aufkochen. Den Schaum abschöpfen und die Bohnen etwa eine Stunde weich kochen. Dann soviel Wasser abgießen, dass die Bohnen knapp unter der Wasseroberfläche sichtbar sind. 50 g Zucker zugeben, kurz aufkochen und die Bohnen fein pürieren. Die Lotossamen und roten Datteln in warmem Wasser für 30 Minuten einweichen. In einem kleinen Topf 250 ml Wasser mit 3 EL Zucker erhitzen und die Lotossamen und roten Datteln für eine Stunde kochen, bis die Lotossamen weich sind. Abgießen und die Flüssigkeit auffangen. Mandeln in kochendem Wasser für 5 Minuten blanchieren, die Haut abziehen. Den Klebreis mit 400 ml Wasser aufkochen, Zitronensaft, Kakaopulver, das Öl und die Walnüsse einrühren und für 20 bis 30 Minuten auf kleiner Flamme weich kochen.

Den Boden einer Schüssel mit den Lotossamen, Datteln, Ginkgo-Nüssen oder Mandeln, Kirschen und Longans auslegen. Dann zwei Drittel vom gekochten Reis darauf verteilen, die Ränder etwas höher aufschichten. Die Bohnenpaste in die Mitte geben und mit dem restlichen Reis abdecken. Alles glatt streichen und kurz ruhen lassen. Den Reis mit 8 Kostbarkeiten dann auf eine Platte stürzen und mit dem aufgefangenen Zuckersirup begießen.

Gewürz-Chilischokolade

500 ml (Soja- oder Reis-) Milch
1/2 TL Zimtpulver
2 EL Honig

1/2 TL Kardamompulver
1 Prise Cayennepfeffer oder
1 Messerspitze getrocknete
Chilischoten, fein gehackt

100 g Bitterschokolade

Milch in einem Topf erhitzen und die Bitterschokolade bei mäßiger Hitze darin unter Rühren schmelzen lassen.

Dann Zimtpulver, Honig, Kardamompulver und Chili oder Cayennepfeffer unterrühren und mit dem Schneebesen schaumig aufschlagen.

Heiß servieren.

Küchentipp

Wer mag, kann die heiße Schokolade auch mit einem Schuss Rum oder mit einer Haube aus geschlagenem Obers servieren.

zart & schmelzend

Desserts mit Schokolade

Baumrinde

- 5 Eiklar
- 100 g Zucker
- 1/2 TL Ingwerpulver
- 1 Prise Salz
- 60 g Weizenmehl
- 100 g Zartbitterschokolade

Backofen auf 180 °C vorheizen und Backblech mit Backpapier auslegen.

Eiklar mit Zucker schaumig rühren, Ingwerpulver und Salz hinzufügen. Weizenmehl unter die Masse heben.

Schokolade im Wasserbad schmelzen und ebenfalls in die Masse rühren.

Den Teig gleichmäßig auf das Backblech streichen und 10 bis 15 Minuten backen.

Vor dem Servieren die Baumrinde in 5 mal 5 cm große Stücke schneiden.

Küchentipp

Als Beilage zur Baumrinde passt gut ein frischer Obstsalat aus Beeren, Marillen, Zwetschken oder Pfirsichen. Sehr gut schmeckt auch ein saftiges Apfel- oder Birnenkompott dazu.

Schokotorte mit Preiselbeeren

12 Stück
1 Springform

4 Eier
150 g Butter
150 g Zucker
Butter für die Form

1/2 TL Kardamompulver

1 Prise Salz

5 EL Weizen- oder Dinkelmehl
3 EL getrocknete Preiselbeeren

250 g dunkle Schokolade
(mind. 70 % Kakaoanteil)

Backofen auf 160 °C vorheizen. Eine Springform ausfetten und mit Mehl bestäuben. Eier trennen und Eiklar steif schlagen. Butter mit Schokolade in einem Topf bei schwacher Hitze langsam schmelzen lassen. Sobald die Schokolade flüssig ist, den Zucker unterrühren und das Gemisch vom Herd nehmen.

Mit dem Mixer Eidotter, Kardamompulver, Salz und Mehl unterrühren. Dann den steifen Eischnee und die getrockneten Preiselbeeren vorsichtig unterheben und den Teig in die Form füllen.

Die Torte im Backofen 35 bis 40 Minuten backen.

Preiselbeeren

Preiselbeeren sind mit ihrem fruchtig-säuerlichen Geschmack eine ideale Begleitung zu Schokolade. Sie sind ein wichtiger Vitaminlieferant – vor allem im Winter – und helfen bei Erkrankungen der ableitenden Harnwege, wie z. B. bei Blasenentzündungen. Immer populärer wird in den letzten Jahren Preiselbeer- oder Cranberrysaft, ein wunderbares Erfrischungsgetränk mit herb-säuerlichem Geschmack.

Flüssiger Schokokuchen

50 g Butter
2 Eier
50 g Zucker
1/2 TL Vanillezucker
Butter für die Form

1 Prise Kardamompulver

1 Prise Salz

30 g Weizenmehl

50 g dunkle Schokolade
(mind. 70 % Kakaoanteil)

Backofen auf 180 °C vorheizen. Schokolade mit Butter vorsichtig im Wasserbad schmelzen lassen. Die Eier mit Zucker schaumig rühren. Dann die geschmolzene Schokolade einrühren und mit Vanillezucker, Kardamompulver und Salz abschmecken. Zum Schluss das Mehl unterheben.

Zwei kleine Förmchen (es können auch hitzebeständige Tassen sein) mit Butter ausfetten und den Teig einfüllen. Im Backofen den Schokokuchen 10 bis 12 Minuten lang backen. Noch heiß stürzen oder in der Form servieren.

Der Schokokuchen sollte beim Servieren innen noch flüssig sein.

Die Schokoqualität ist entscheidend

Der „göttliche" flüssige Schokokuchen ist derzeit in vielen Restaurants das Modedessert schlechthin. Hier zahlt sich Schokoladequalität besonders aus: Je feiner die Schokolade ist, desto feiner schmeckt der Kuchen.

Kakao-Busserl mit Schokocreme

18–20 Stück

250 g Butter
140 g Staubzucker
2 Eier
400 ml Schlagobers

1 Prise Kardamompulver
3 EL Rum

1 Prise Salz

200 g Dinkelmehl

25 g Kakaopulver
200 g dunkle Schokolade

Backofen auf 150 °C vorheizen. Backblech mit Backpapier auslegen.

Für den Teig die Butter mit Staubzucker schaumig rühren. Dann die Eier, Kardamompulver, Salz, Dinkelmehl und Kakaopulver unterrühren. Mit zwei Teelöffeln etwa nussgroße Teighäufchen auf das Backblech setzen und die Busserl auf mittlerer Schiene etwa 30 Minuten backen.

In der Zwischenzeit für die Fülle Schlagobers steif schlafen, die Schokolade im Wasserbad schmelzen und mit dem Rum vorsichtig unter das Obers heben.

Die Hälfte der Busserl umdrehen, mit Schokocreme füllen und die restlichen Busserl daraufsetzen.

Kücheninfo

Als Busserl werden in Österreich kleine, runde Gebäcksorten – ähnlich wie Kuppeln oder Makronen – bezeichnet.

Karottenkuchen

10 Stück
1 Kastenform

500 g Karotten
6 Eier
100 g Sonnenblumenöl
100 g Kartoffelstärke
200 g Zucker
Butter für die Form

1 TL Ingwer, gerieben

1 Prise Salz

300 g Dinkelmehl

2 EL Kakaopulver
1 Becher Tortenglasur (oder 100 g dunkle Schokolade und 50 ml Schlagobers)

Backofen auf 180 °C vorheizen.

Karotten waschen, putzen und grob reiben. Die Eier in einer Schüssel mit dem Öl verrühren. Dann die Kartoffelstärke, Zucker, Ingwer, Salz, Dinkelmehl und Kakaopulver der Reihe nach unterrühren und gut einarbeiten.

Eine Kastenform mit Butter einfetten und den Teig einfüllen.

Den Kuchen 50 bis 60 Minuten backen und dann auskühlen lassen.

Tortenglasur (oder die dunkle Schokolade zusammen mit dem Schlagobers) im Wasserbad vorsichtig schmelzen lassen und den Kuchen damit überziehen.

Schnelles Schokomousse

80 g dunkle Schokolade (mind. 70 % Kakaoanteil)

200 ml Schlagobers

1 EL Rum

1 Prise Salz

50 g Beeren zum Garnieren

Die Schokolade im Wasserbad langsam schmelzen.

Schlagobers mit dem Mixer aufschlagen und dann die geschmolzene Schokolade einrühren.

Mit Rum und Salz abschmecken und die Schokomousse in Gläschen oder Schüsseln einfüllen.

Für 1 bis 2 Stunden kühl stellen und mit Beeren garniert servieren.

Küchentipp

Diese Variante geht sehr schnell und einfach. Geschmacklich ist auch hier die Qualität der Schokolade ausschlaggebend. Wem die Mousse mit Bitterschokolade zu herb schmeckt, kann auch eine Variante mit Milchschokolade oder weißer Schokolade ausprobieren.

Kakaokuchen mit Weichseln

8–10 Stück
1 Blech

100 g Butter
150 g Zucker
3 Eier

2 EL Rum

1 Prise Salz

200 g Dinkelmehl
2 TL Backpulver
150 g Weichseln

1/2 TL geriebene Zitronenschale
30 g Kakaopulver

Backofen auf 180 °C vorheizen. Backblech mit Backpapier auslegen.

Weiche Butter mit Zucker und Eiern schaumig rühren. Dann Rum, Salz, Dinkelmehl, Backpulver, Zitronenschale und Kakaopulver unterrühren.

Den Teig auf das Backblech streichen. Weichseln waschen, entkernen und auf der Teigmasse gleichmäßig verteilen.

Den Kuchen im Backofen 30 bis 35 Minuten backen.

Küchentipp

Für diesen schnellen Kakaokuchen kann jedes Lieblingsobst als Belag verwendet werden, z. B. Äpfel, Birnen, Zwetschken, Marillen oder Pfirsiche. Verfeinern kann man den Kuchen mit gehackten Nüssen oder Mandelblättchen, die einfach auf dem Obst verteilt werden.

Schoko-Ingwerkuchen

8–10 Stück
1 Kastenform

4 Eier
150 g Staubzucker
150 g Butter
Butter für die Form
Staubzucker zum Bestreuen

1 EL Ingwer, fein gerieben
100 g kandierter Ingwer

1 Prise Salz

200 g Weizen- oder Dinkelmehl
1 TL Backpulver

100 g dunkle Schokolade

Backofen auf 180 °C vorheizen.

Die Eier trennen und das Eiklar mit der Hälfte des Staubzuckers zu steifem Eischnee aufschlagen. Restlichen Zucker mit Butter und Eidotter schaumig rühren. Dann den Eischnee, geriebenen Ingwer und Salz unterrühren. Vorsichtig das Mehl mit dem Backpulver unterziehen.

Die Schokolade auf einem Brett fein hacken und mit dem kandierten Ingwer zum Teig geben.

Eine Kastenform mit Butter ausfetten, mit Mehl bestäuben und den Teig gleichmäßig einfüllen.

Den Kuchen im Backofen 35 bis 40 Minuten backen.

Den ausgekühlten Kuchen auf eine Platte oder ein Brett geben und mit Staubzucker bestreut servieren.

Schoko-Mohncreme mit Kiwimus

100 ml (Soja- oder Reis-) Milch
1 TL Vanillezucker
150 ml Schlagobers

1 Prise Kardamompulver

Wasser zum
Einweichen der Gelatine
4 Blatt Gelatine

150 ml (Schafmilch-) Joghurt
4 Kiwis

60 g weiße Schokolade
2 EL geriebener Mohn
(Blau- oder Graumohn)

Für die Creme die Milch mit Vanillezucker und Kardamompulver erhitzen. Gelatine in Wasser einweichen. Schokolade in Stücke brechen und in der Milch vorsichtig auflösen – die Mischung sollte nicht kochen. Topf vom Herd nehmen und die Schokomilch etwas abkühlen lassen. Gelatine gut ausdrücken, mit 3 EL Schokomilch in einem Topf erwärmen und bei schwacher Hitze auflösen. Die Gelatine zur Schokomilch geben, Joghurt und geriebenen Mohn unterrühren. Schlagobers aufschlagen und ebenfalls dazugeben. Die Creme in kleine Gläschen füllen oder in einer Schüssel mindestens 4 Stunden kalt stellen.

Zum Anrichten die Kiwis schälen und mit dem Stabmixer pürieren. Die Gläschen mit der Schokocreme und dann oben mit Kiwimus auffüllen. Alternativ das Kiwimus auf Tellern anrichten und aus der erkalteten Schokocreme mit 2 Esslöffeln Nocken formen und auf dem Kiwimus anrichten.

Küchentipp

Statt Kiwis eignen sich auch Erdbeeren, Himbeeren, Heidelbeeren oder Marillen als Mus zur weißen Schokocreme. Etwas exotischer schmeckt es mit Mango und leicht säuerlich mit Sanddorn-Mus.

Schoko-Kokosschnitten

10 Stück
1 Backblech

- 4 Eier
- 150 g Zucker
- 150 g Kokosraspeln
- 150 g Schlagobers
- Kokoschips zum Garnieren
- 1/2 TL Kardamompulver
- 1 Prise Salz
- Saft einer Zitrone
- 150 g Bitterschokolade

Backofen auf 180 °C vorheizen. Backblech mit Backpapier auslegen.

Eier trennen und Eiklar zu steifem Eischnee aufschlagen. Die Eidotter mit Zucker schaumig rühren.

Eischnee und Kokosraspeln unterrühren und den Teig auf dem Backblech verteilen und 15 bis 20 Minuten backen.

Schokolade in Stücke brechen und im heißen Wasserbad mit der Hälfte des Schlagobers bei milder Hitze schmelzen lassen. Die Schokoladencreme etwas abkühlen lassen. Das restliche Schlagobers aufschlagen und die Schokoladencreme unterheben.

Den Kokoskuchen mit der Schokoladencreme bestreichen und mit Kokoschips garnieren.

Im Kühlschrank oder an einem kalten Ort gut durchkühlen lassen.

Nektarinen mit Schoko-Nussfüllung

2 Nektarinen
Butter für die Form
1 EL Walnüsse oder Mandeln
2 EL Honig
1 EL Rum
1 Prise Salz
Saft einer halben Zitrone
15 g Bitterschokolade

Backofen auf 190 °C vorheizen.

Nektarinen waschen, halbieren und den Kern herauslösen. Eine Auflaufform mit Butter ausfetten und die Nektarinenhälften darin verteilen.

Walnüsse oder Mandeln hacken und in einer Schüssel mit Honig, Rum, Salz und Zitronensaft gut verrühren. Schokolade mit einem Messer in Stückchen hacken und zur Nussmischung geben.

Die Pfirsichhälften mit der Nuss-Schokoladenmischung füllen und im Backofen bei 10 bis 15 Minuten backen.

Küchentipp

Mit der Schoko-Nussfüllung können auch Marillen, Pfirsiche, Äpfel oder Birnen gefüllt werden. Bei Äpfeln oder Birnen aber bitte die Backzeit auf 30 bis 35 Minuten erhöhen, damit das Fruchtfleisch schön durchgegart ist.

Schoko-Gewürzpralinen

25 Stück

1/2 Zimtstange
150 ml Schlagobers

5 Gewürznelken
2 Kardamomkapseln
2 EL Rum
1 EL rosa Pfefferbeeren

1 Prise Salz

Saft einer halben Orange

150 g dunkle Schokolade
25 Papier- oder Aluförmchen für Pralinen

Zimtstange, Nelken und Kardamomkapseln im Mörser oder mit einem breiten Messer gut zerdrücken. Die Kardamomschalen entfernen und die Samen noch feiner zerdrücken. Schlagobers aufkochen, vom Herd nehmen und die Gewürze darin zugedeckt 10 Minuten ziehen lassen.

Schlagobers durch ein Sieb abseihen und mit Rum, Salz, Orangensaft und der zerbröckelten Schokolade nochmals auf kleiner Flamme erhitzen, bis die Schokolade aufgelöst und eine glatte Schokocreme entstanden ist. Die Creme auskühlen lassen und etwa alle 10 Minuten umrühren, bis sie eine spritzfähige Konsistenz hat. Dann die Creme in einen Spritzbeutel füllen und Pralinen in Papier- oder Aluförmchen spritzen. Mit den Pfefferbeeren garnieren und in einer verschließbaren Dose kalt stellen.

Kücheninfo

Die Pralinen sind im Kühlschrank etwa 2 Wochen haltbar, schmecken aber frisch am besten. Wenn es schnell gehen muss, können statt der ganzen Gewürze auch gemahlene Gewürze verwendet werden. Dann einfach die Schokolade mit den Zutaten im Schlagobers auflösen und die Gewürze direkt einrühren. Geschmacklich interessant ist die Verwendung von Kokosmilch statt Schlagobers.

Fruchtspieße mit Schokolade

100 g Bitterschokolade
1 Rippe weiße Schokolade
4–6 Holzspieße

100 g süßes Obst der Saison (Äpfel, Weintrauben, Kirschen, Marillen …)
1 Prise Zimtpulver

1 Prise Kardamompulver

1 Prise Salz

100 g säuerliches Obst der Saison (Weichseln, Stachelbeeren, Orangen, Kiwis, Beeren …)

Dunkle Schokolade im heißen Wasserbad schmelzen und mit Zimt, Kardamompulver und Salz abschmecken.

Obst waschen, abtrocknen, entkernen, in mundgerechte Stücke schneiden und in beliebiger Reihenfolge auf die Holzspieße aufspießen.

Backblech oder Brett mit Backpapier belegen.

Die Obstspieße in die geschmolzene Schokolade tauchen oder mit Hilfe eines Löffels mit der flüssigen Schokolade begießen. Die Spieße gut abtropfen lassen, auf das Backblech legen und auskühlen lassen, bis die Schokolade fest ist.

Die weiße Schokolade im Wasserbad schmelzen und mit einem Löffel oder einer Gabel beliebig über die dunkle Schokolade feine „Fäden" ziehen, sodass ein schönes Muster entsteht.

Kokos-Bananencreme mit Schokolade

50 g dunkle Schokolade

2 Bananen
100 ml Kokosmilch

1 Prise Kardamompulver

1 Prise Salz

200 ml (Schafmilch-) Joghurt

Schokolade im Wasserbad schmelzen.

Bananen mit Kokosmilch, Kardamompulver und Salz pürieren.

Bananencreme mit Joghurt vermischen und in Gläsern oder Schälchen anrichten.

Mit Schokoladensauce begießen und gekühlt servieren.

Kokosmilch

Kokosmilch entsteht nicht direkt in der Kokosnuss, sondern wird aus dem Fruchtfleisch der Kokosnuss, das mit (Kokos-)Wasser püriert wird, hergestellt. Diese Mischung wird dann durch Tücher ausgepresst und es entsteht eine milchige und sehr aromatische Flüssigkeit mit 15 bis 25 % Fettgehalt, wodurch auch der cremig-milchige Charakter entsteht. Kokosmilch ist in Dosen oder im Tetrapak erhältlich. Da sich durch die Lagerung der Fett- und Wasseranteil wieder voneinander trennen, sollte die Kokosmilch vor der Verwendung gut geschüttelt oder durchgerührt werden.

Schokofondue

4 Portionen

300 g süßes Obst der Saison (Marillen, Weintrauben, Äpfel, Birnen, Pfirsiche, Kirschen …)
50 ml (Soja- oder Reis-) Milch
1/2 TL Zimtpulver
Mark einer Vanilleschote

1 Prise Cayennepfeffer oder Chilipulver

1 Prise Salz

Saft einer Zitrone
300 g säuerliches Obst der Saison (Zwetschken, Himbeeren, Erdbeeren, Johannisbeeren, Stachelbeeren, Ananas, Kiwis …)

300 g Bitterschokolade oder ein Gemisch aus heller und dunkler Schokolade

Obst waschen, abtrocknen, entkernen und in mundgerechte Spalten oder Würfel schneiden. Oststücke mit Zitronensaft beträufeln, damit sie nicht braun werden und dann kühl stellen.

Die Schokolade in Stückchen in einen Topf bröckeln und in der Milch bei schwacher Hitze auflösen. Bei Bedarf noch etwas Milch zufügen. Die Schokolade dann mit Zimtpulver, Vanillemark, Cayennepfeffer oder Chilipulver und Salz abschmecken, gut durchrühren. Die Schokoladensauce in eine oder mehrere dekorative kleine Schüsseln füllen und mit dem Obst anrichten.

Für das Fondue die Obststücke mit einer Gabel in die Schokosauce eintauchen und dann genießen.

Küchentipp

Im Fachhandel gibt es bereits fertige Mischungen für Schokoladenfondues. Dazu die dekorativen Gefäße einfach direkt ins heiße Wasserbad stellen. Sobald die Schokolade geschmolzen ist, mit dem gewünschten Obst servieren.

Fondue au Chocolat NOIR
70% Cacao
Dark Chocolate
70% Cocoa

Rezepte von A bis Z

Lexikon österreichisch – deutsch

Biskotten – Löffelbiskuit
Eidotter – Eigelb
Eiklar – Eiweiß
Heidelbeeren – Blaubeeren
Karotten – Möhren, Mohrrüben
Kekse – Plätzchen
Knödel – Klöße
Marille – Aprikose
Marmelade – Konfitüre
Maroni – Esskastanie
Orange – Apfelsine
Palatschinke – Pfannkuchen
Püree – Mus, Brei
Sauerrahm – Saure Sahne, Schmand
Schlagobers – Süße Sahne
Schneebesen – Schneerute
Semmelbrösel – Paniermehl
Staubzucker – Puderzucker
Streusel – Krümel
Topfen – Quark
Weichseln – Sauerkirschen
Zwetschken – Pflaumen

Adressen und Bezugsquellen

Dr. Claudia Nichterl
www.essenz.at bzw. beratung@essenz.at
Eine 5-Elemente-Tabelle zu Thermik und Geschmack von Lebensmitteln finden Sie kostenlos zum Download unter www.essenz.at/Tabelle

5-Elemente ErnährungsberaterInnen in Deutschland und Österreich
www.5-elemente-ev.de, www.tcm-ernaehrung.at

Online-Shops für hochwertige Schokolade
www.schokov.at, www.xocolat.at

Verwendete Literatur

- Damböck, Rafaela:
  Schokolade, Rezepte zum Dahinschmelzen
  AVBuch 2006
- Klinger, Gabriele und Duve, Christina:
  Die 5-Elemente-Küche für jeden Tag
  blv 2007
- Seifert, Christiane und Klinger, Gabriele:
  Unveröffentlichte Ausbildungsunterlagen zur Ernährungsberaterin nach den Fünf Elementen
- Nichterl, Claudia:
  5-Elemente-Küche, Essen zum Wohlfühlen
  AVBuch 2007
- Nichterl, Claudia:
  5-Elemente-Küche – Vegetarisch
  AVBuch 2007
- Nichterl, Claudia:
  Power Frühstück – Energie für den ganzen Tag
  AVBuch 2005
- Zizenbacher, Orina:
  Gemüse, Getreide, Obst – Die Küche als Apotheke
  Natur-Heil-Kunst Verlag 2005

Bildquellen

Umschlag: Uwe Urbann
Inhalt: Uwe Urbann (sämtliche Fotos)
Vielen Dank an die Firma **Compostella,** die für den Großteil der Fotos Geschirr und Dekorationsmaterial zur Verfügung gestellt hat.
www.compostella-homestore.at

Compostella

Impressum

Druck- und Verlagsges. m. b. H. Nfg. KG
Sturzgasse 1A, A-1141 Wien
E-Mail: buch@avbuch.at, Internet: www.avbuch.at

Die Deutsche Bibliothek – CIP-Einheitsaufnahme
Die Deutsche Bibliothek verzeichnet diese Publikation in der Deutschen Nationalbibliografie; detaillierte bibliografische Daten sind im Internet über http://dnb.ddb.de abrufbar.

Projektleitung: Brigitte Millan-Ruiz, avBUCH
Redaktion: Rosemarie Zehetgruber – gutessen consulting, Wien
Umschlag & Layout: Ravenstein + Partner, Verden
Satz: armanda,geisler Wien
Bildreproduktion: Hantsch & Jesch PrePress Services OG, Wien

Druck und Bindung: Westermann Druck, Zwickau
Printed in Germany

ISBN 978-3-7040-2301-8